I came here with the circus
To do the number you pay me for
Went up there on the old tight rope
And stumbledance for you once more

Stephan Eicher Goodbies

CIRCUS NOIR

OLIVER STEGMANN

Ungewohnt/gewohnt

So schnell ist Gewohntes plötzlich nicht mehr erlebbar und wird mit der Zeit ungewohnt. Die Kulturveranstaltungen waren für die Bevölkerung gewohnte, immer verfügbare Erlebnisse, die das Leben bereicherten. Doch plötzlich setzt ein sich schnell verbreitendes Virus vielem ein Ende, was für uns Menschen doch so wichtig ist. Auf einmal ist es still und alles ungewohnt/gewohnt.

Da wird das Homeoffice zum gewohnten Arbeitsplatz, der Weg zum Büro fällt weg. Der Natur gefällt es, die Vögel hört man wieder lauter singen. Die Umwelt ist ungewohnt/gewohnt erfreut darüber!

Doch der tapfere Künstler muss sich neu erfinden und wird gezwungen, ungewohnte Wege zu gehen. Ich habe es der Vogelwelt nachgemacht, lernte in dieser schwierigen Zeit das Fliegen und habe einen Pilotenschein gemacht. Ein Jugendtraum ging in Erfüllung! Parallel habe ich an meinen Projekten weitergearbeitet, die zum Ziel haben, Künstlern eine Zukunft zu bieten. Ich habe mich zwischen meinen Träumen und der Realität bewegt – der harten Realität, die so viele Künstler getroffen hat.

Doch Ungewohntes bringt auch schöne Seiten hervor. Da ist ein Fotograf, der wunderbare künstlerische Bilder macht und daneben einen herausfordernden Job als Manager hat. Ungewohnt bewundernswert.

Dem Auge werden in diesem schönen Fotobuch ungewohnte Einblicke in die Welt der Künstler hinter den Kulissen gewährt. Die Bilder erzählen eine Geschichte, die sich wie ein roter Faden durch die Seiten zieht.

Vor vielen Jahren hat Oliver Stegmann bei uns im Tessin sein Projekt begonnen. Mein Vater war von den ausdrucksstarken Fotografien begeistert. Die Bilder durften wir für unser Programmheft „La Famiglia Dimitri“ benutzen. Ungewohnt war auch die Arbeit von Thomas Amiet, der still im Hintergrund ungewohnt vieles möglich machte, damit sich Oliver in der Zirkuswelt austoben konnte.

Genießen Sie dieses wunderbare Buch und besuchen Sie weiterhin die bunte Welt der Akrobaten mit ihren vielen künstlerischen Innovationen, die der Zirkuswelt den Weg in die Zukunft weisen.

David Dimitri

David Dimitri ist Hochseilartist, Präsident der Fondazione Dimitri und artistischer Direktor des Winterfest-Festivals in Salzburg.

Unfamiliar/familiar

Suddenly, familiar things can no longer be experienced and have become unfamiliar. Cultural events used to be a familiar experience that was always within reach and made people's lives more profound. Yet all at once a rapidly spreading virus has put an end to many things that are so important to us humans. Overnight, the world has become quiet and unfamiliar/familiar.

Working from home is now the familiar norm, no need for the daily commute to the office. Nature is happy, you can hear the birds sing louder again. The environment is delighted about it, in an unfamiliar/familiar way.

But brave artists have to reinvent themselves and are forced to venture into unfamiliar territory. I followed the example of the birds and learned to fly during the pandemic, getting a pilot licence. A childhood dream came true! At the same time, I kept working on my projects that aim to provide a secure future for artists. I moved between my dreams and reality – the harsh reality that has hit so many artists hard.

But unfamiliarity can also give rise to beautiful things. A case in point is the photographer who took such wonderful artistic pictures while having a challenging job as a manager. That is admirable in an unfamiliar way.

This beautiful photo book offers unfamiliar insights into the artists' world behind the scenes. The photos tell a story that runs through the pages like a thread.

Many years ago, Oliver Stegmann started his project with us in Ticino. My father was thrilled by the expressive photographs. We got permission to use them in our programme booklet "La Famiglia Dimitri". Thomas Amiet's work was unfamiliar, too, as he quietly pulled some strings in the background so that Oliver could immerse himself entirely in the world of the circus.

I hope that you will enjoy this wonderful book and continue to visit the vibrant world of the acrobats with its many artistic innovations that are making the circus world fit for the future.

David Dimitri

David Dimitri is a high-wire artist, president of the Fondazione Dimitri and artistic director of the Winterfest festival in Salzburg.

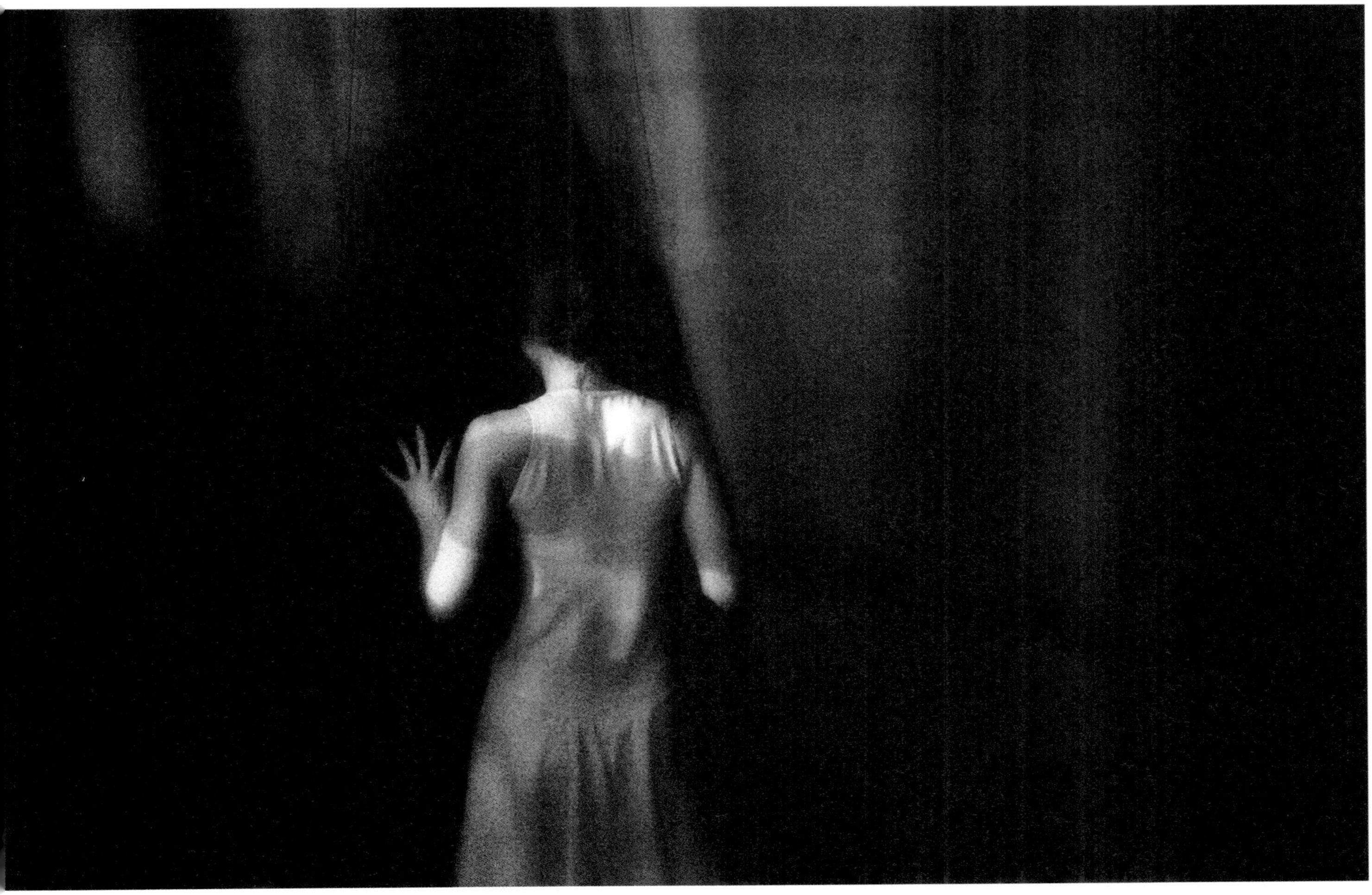

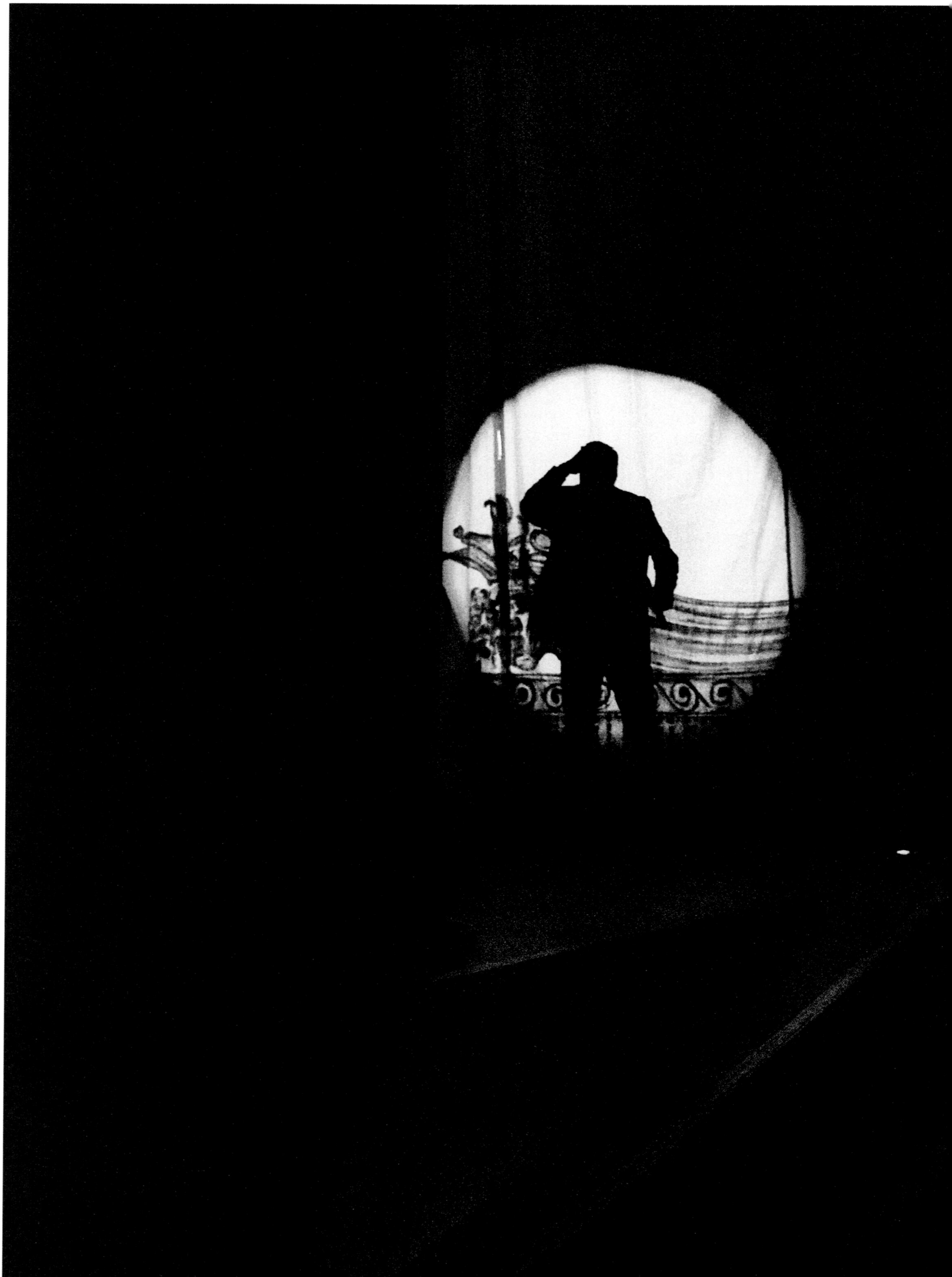

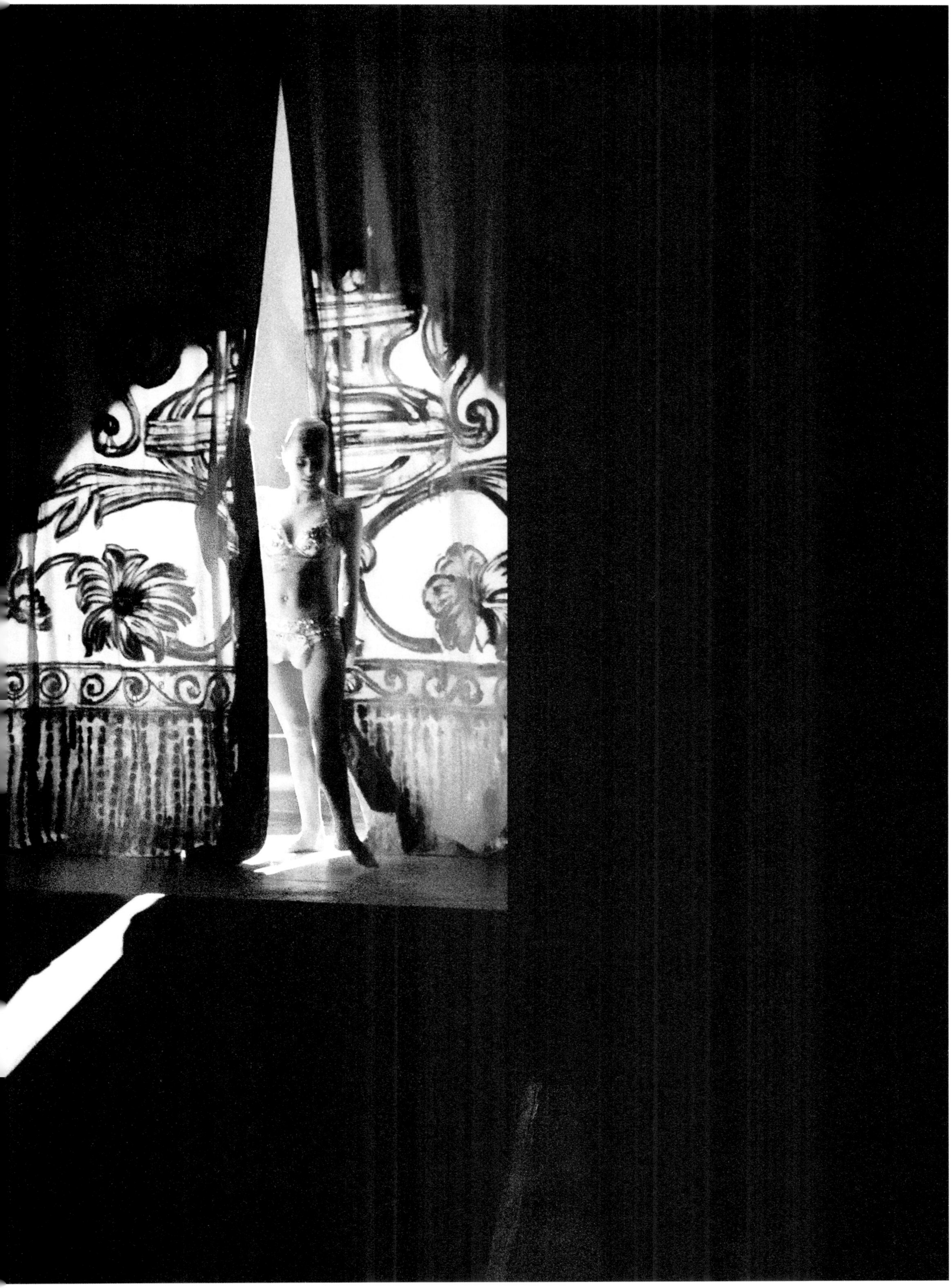

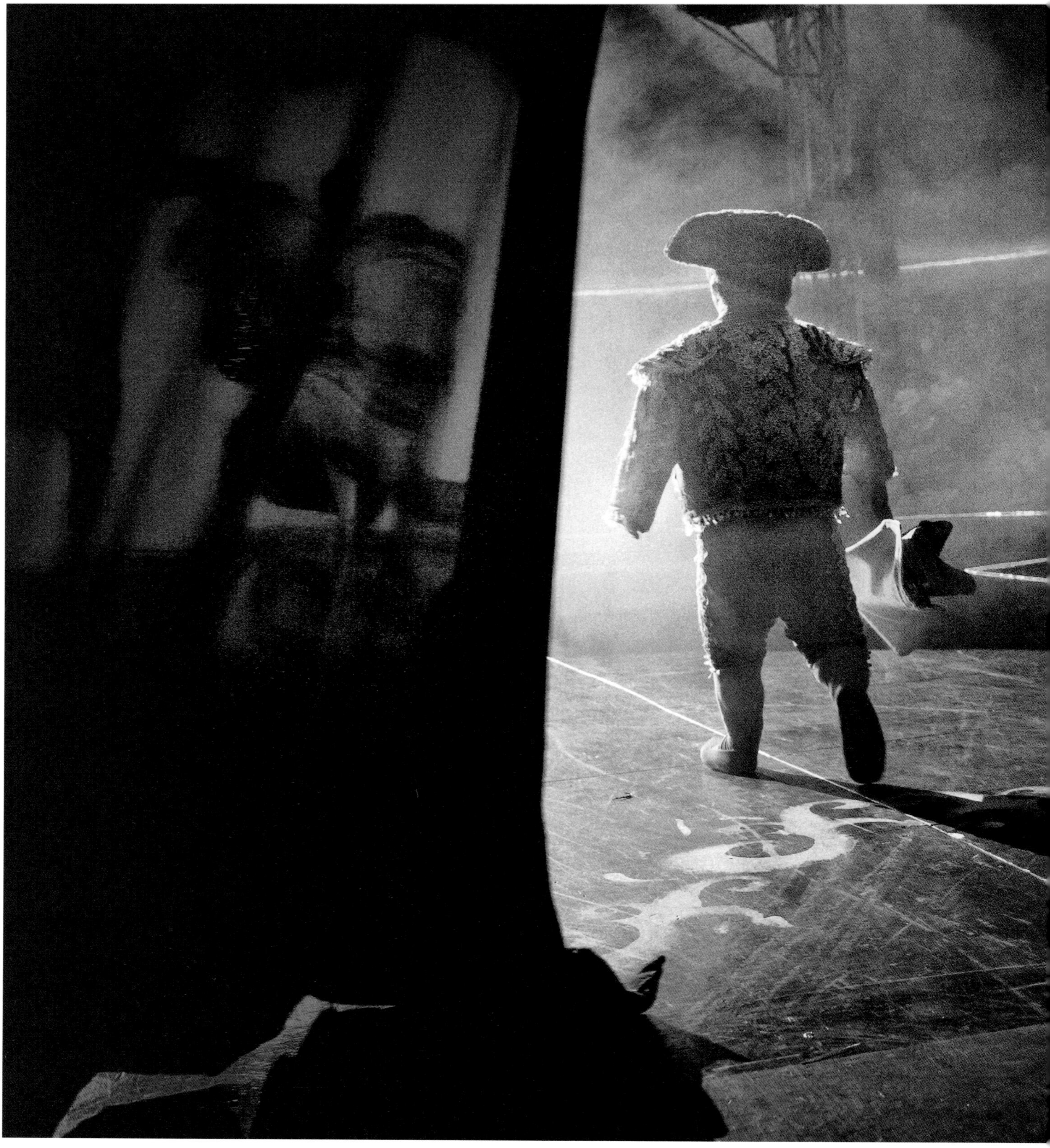

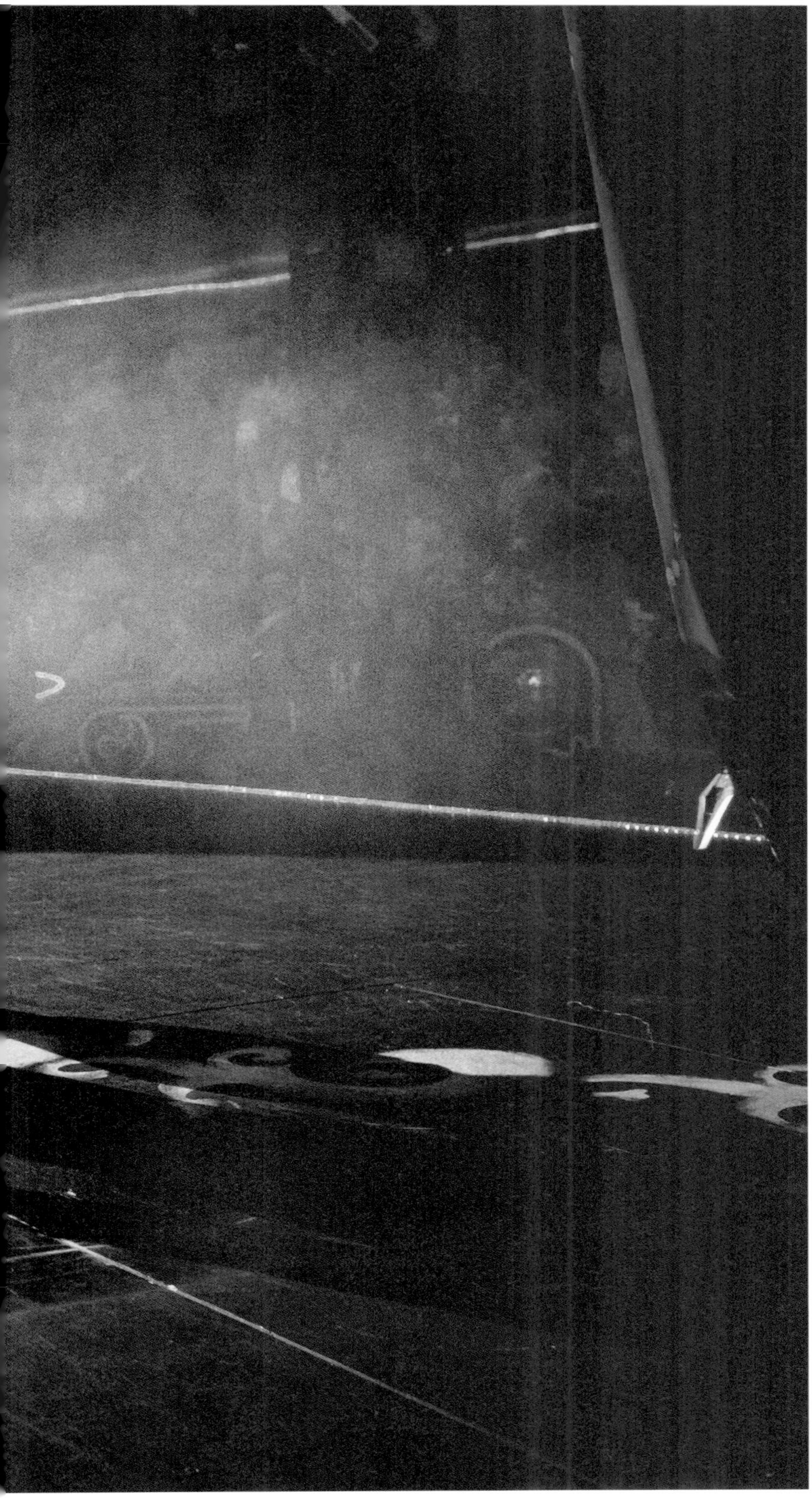

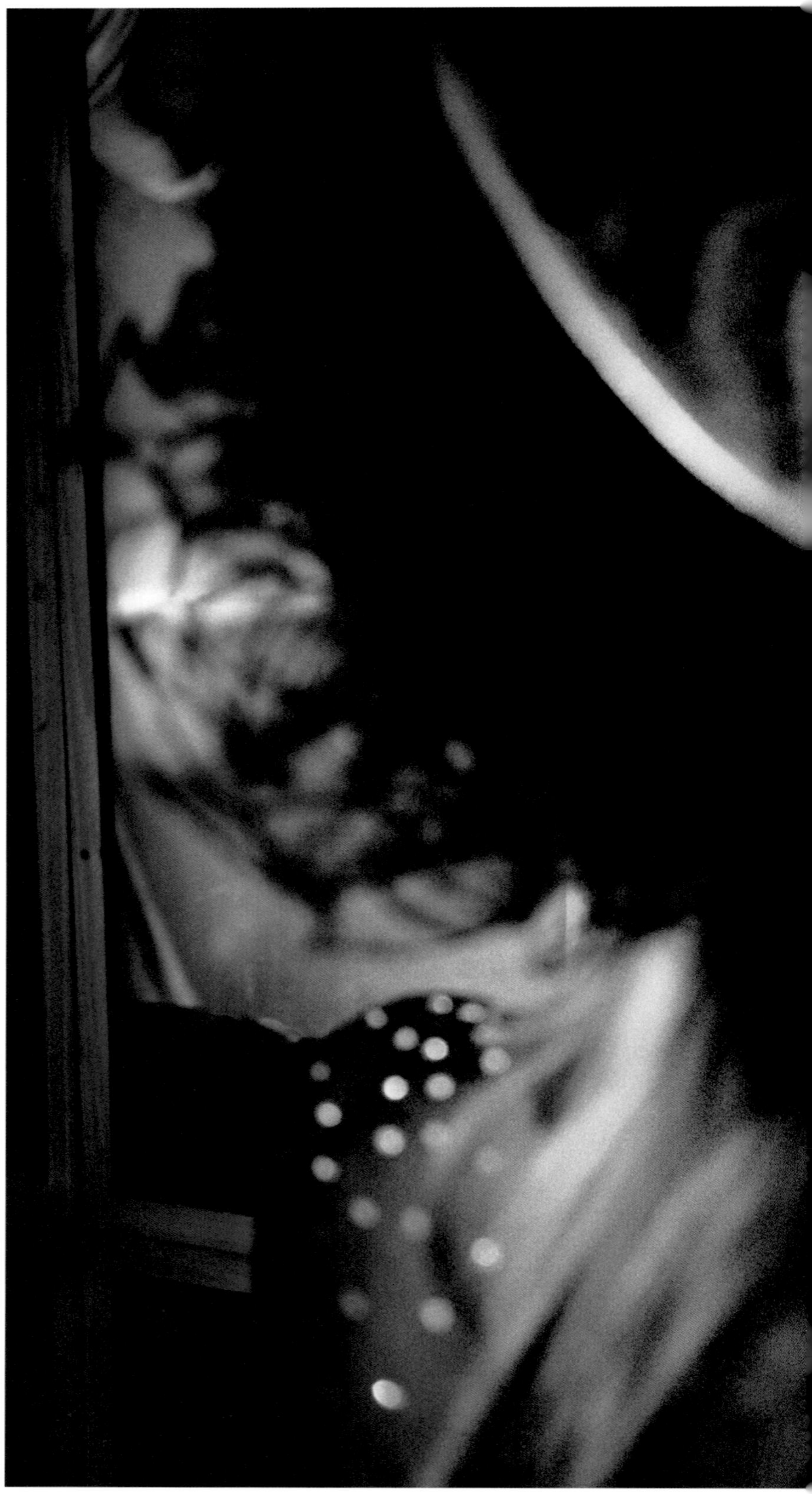

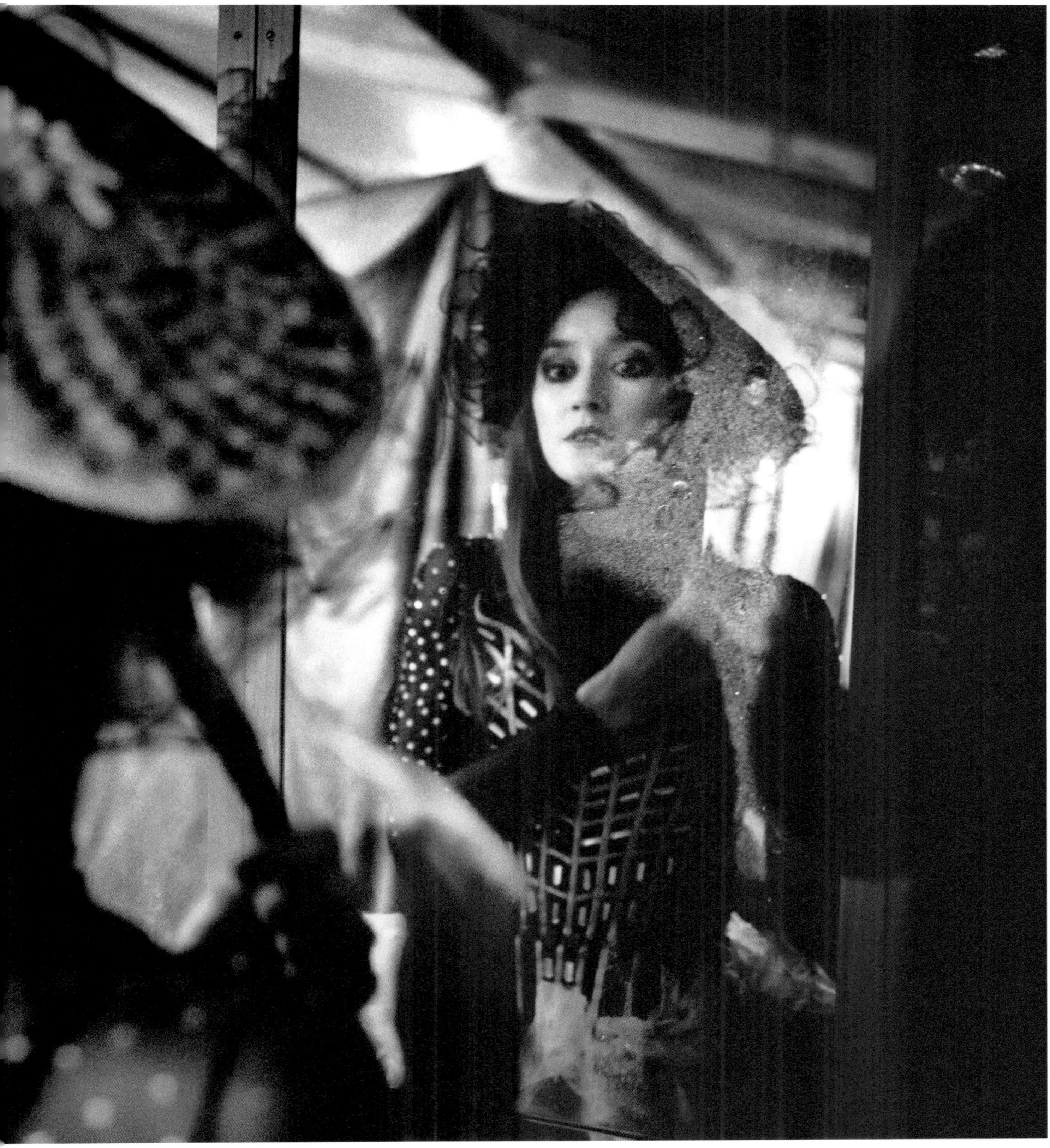

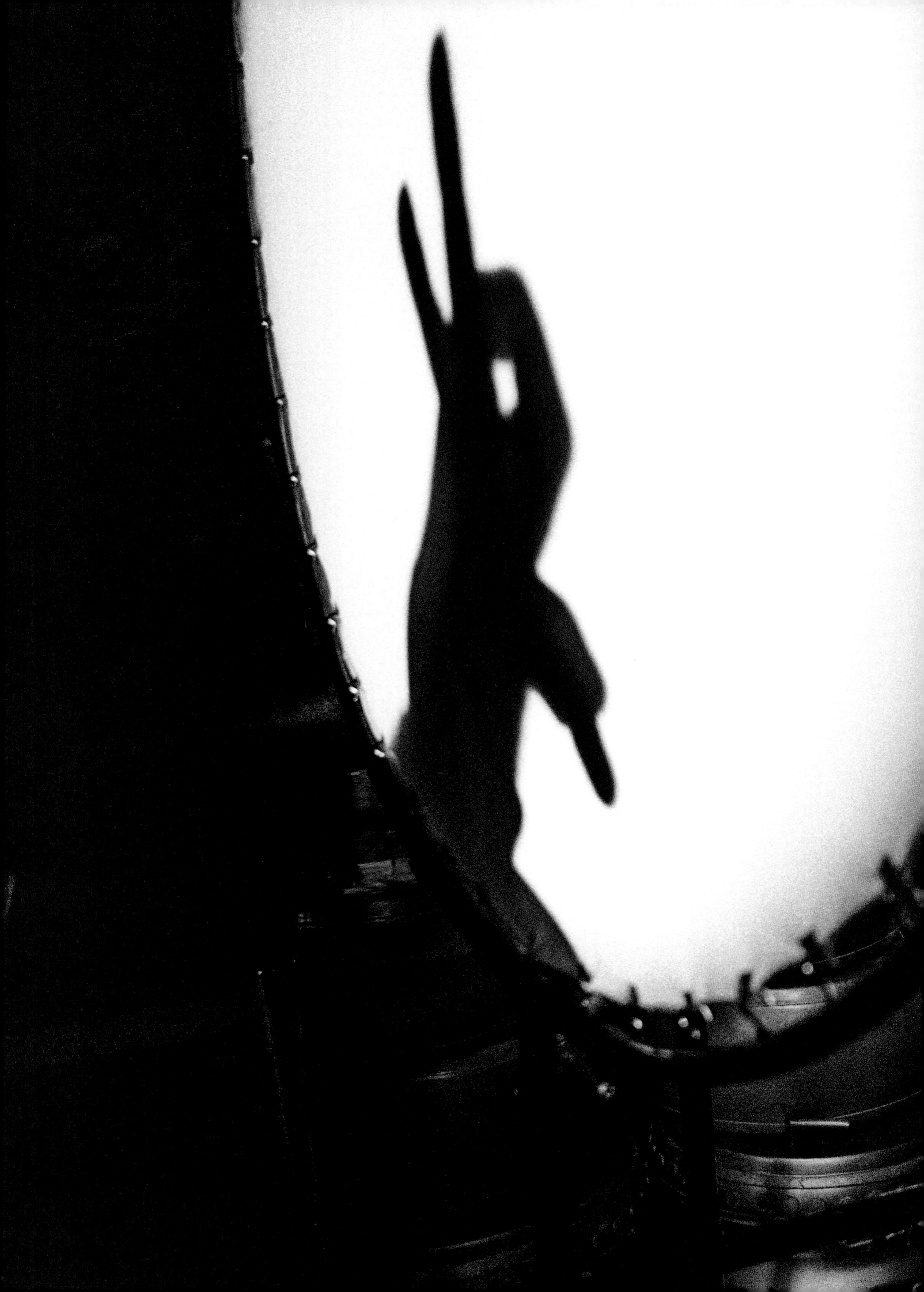

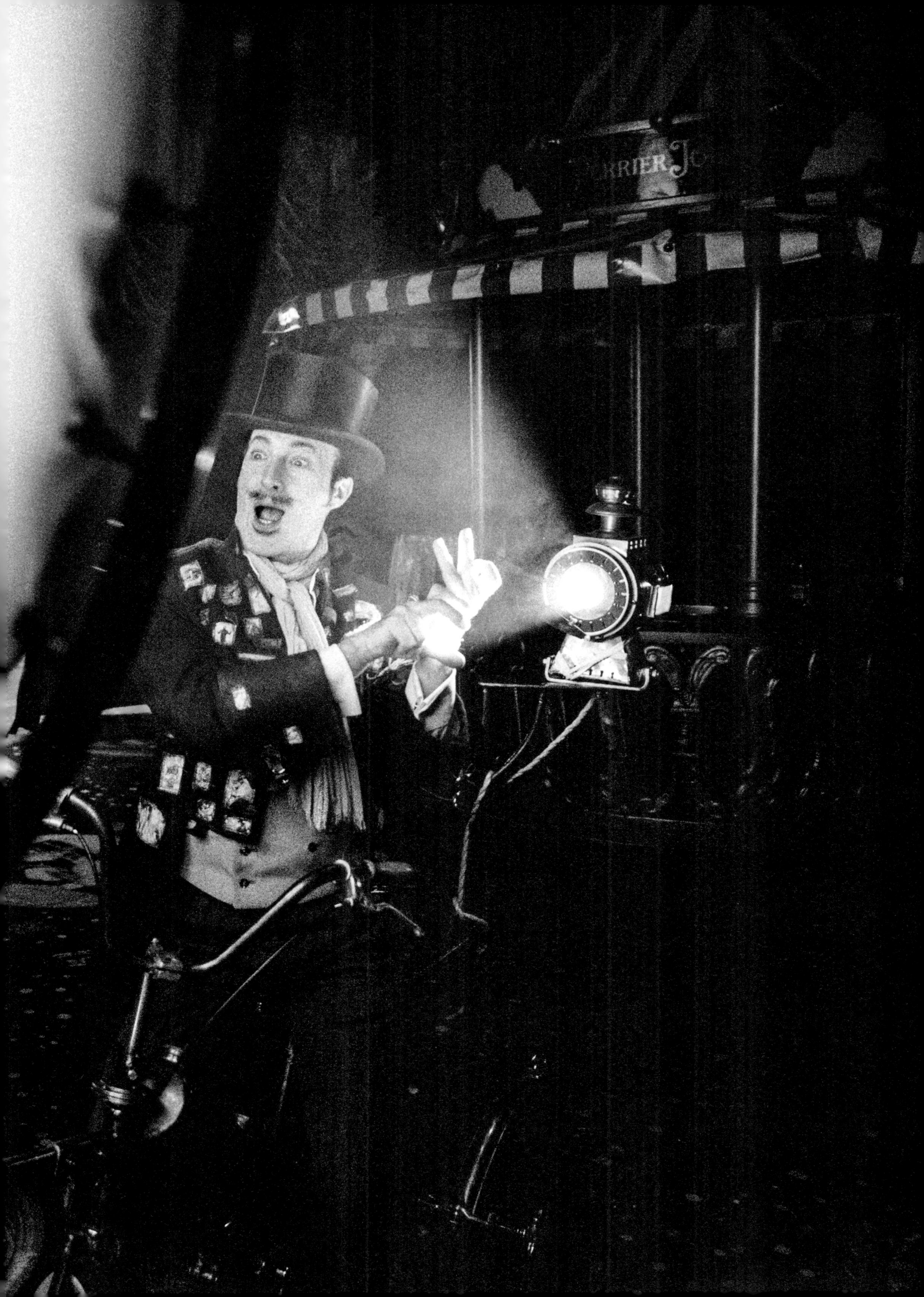

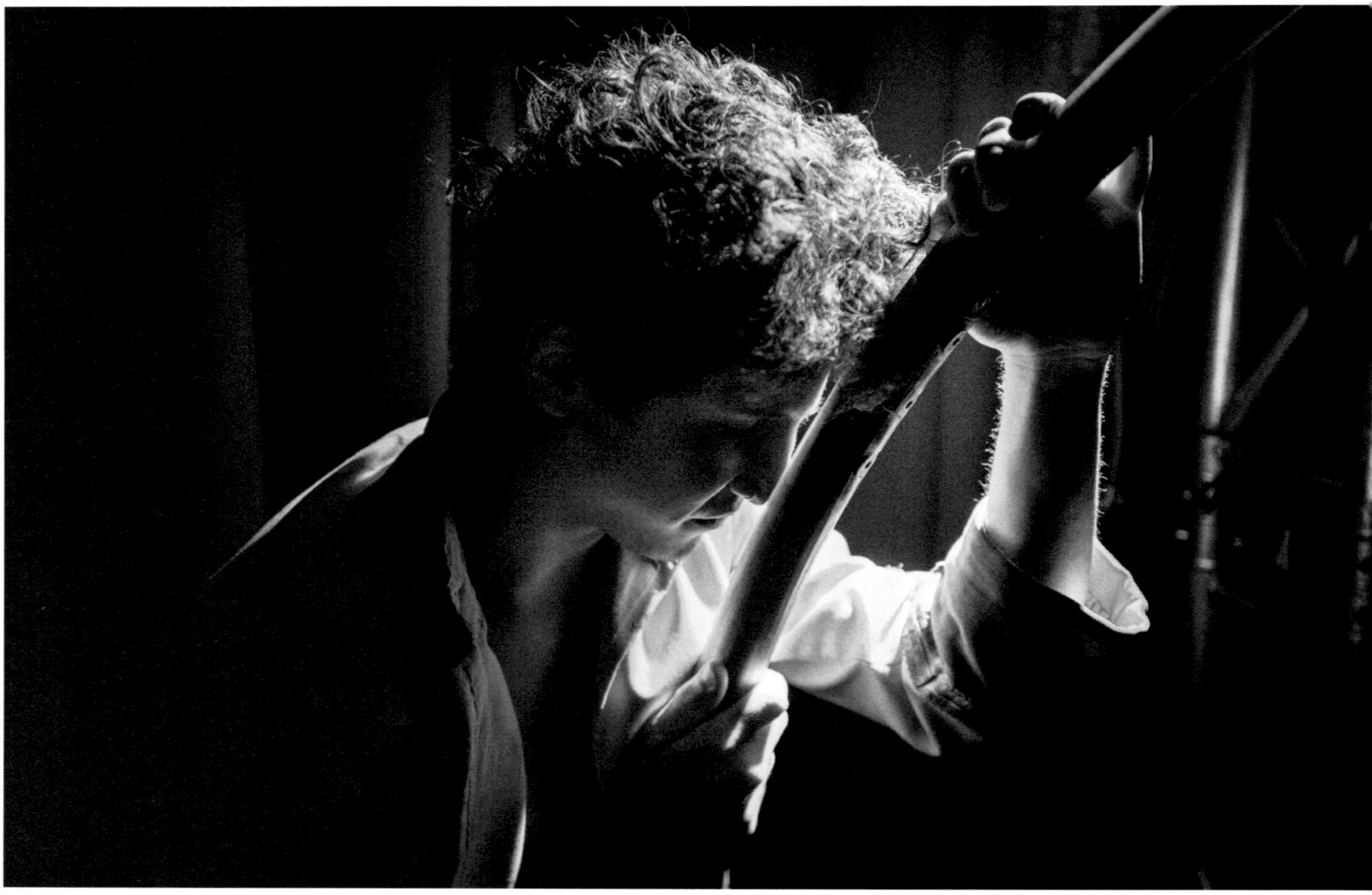

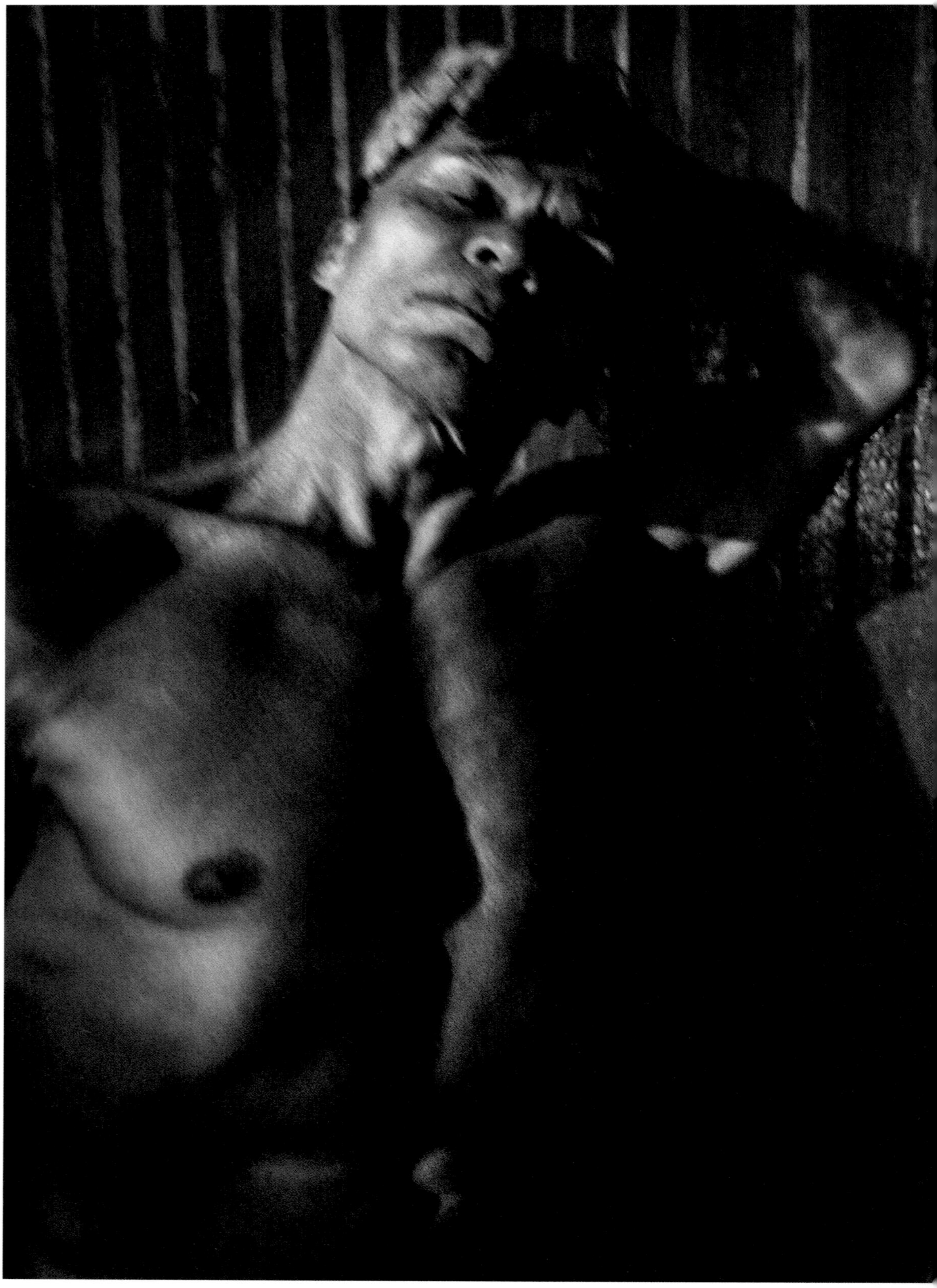

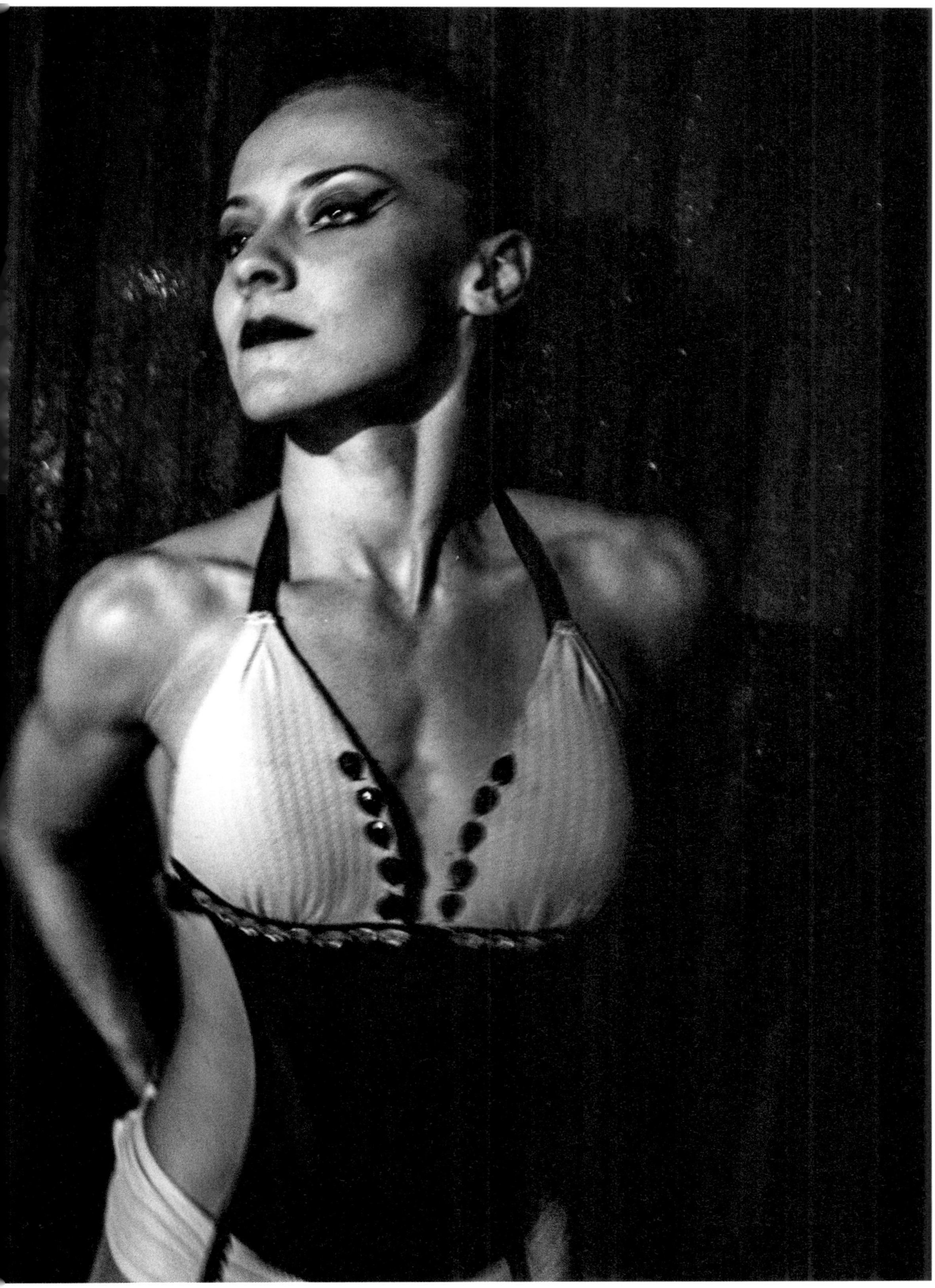

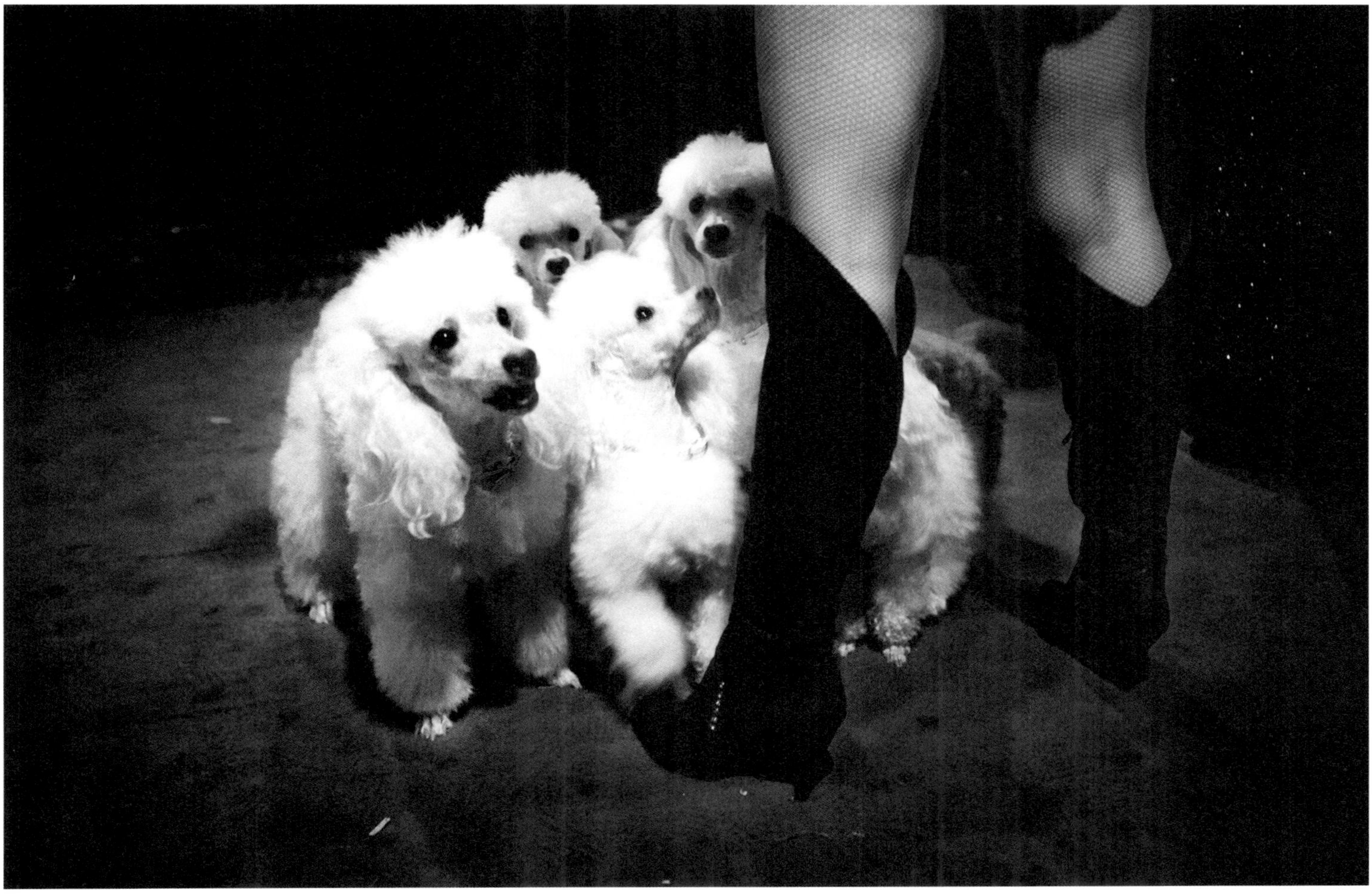

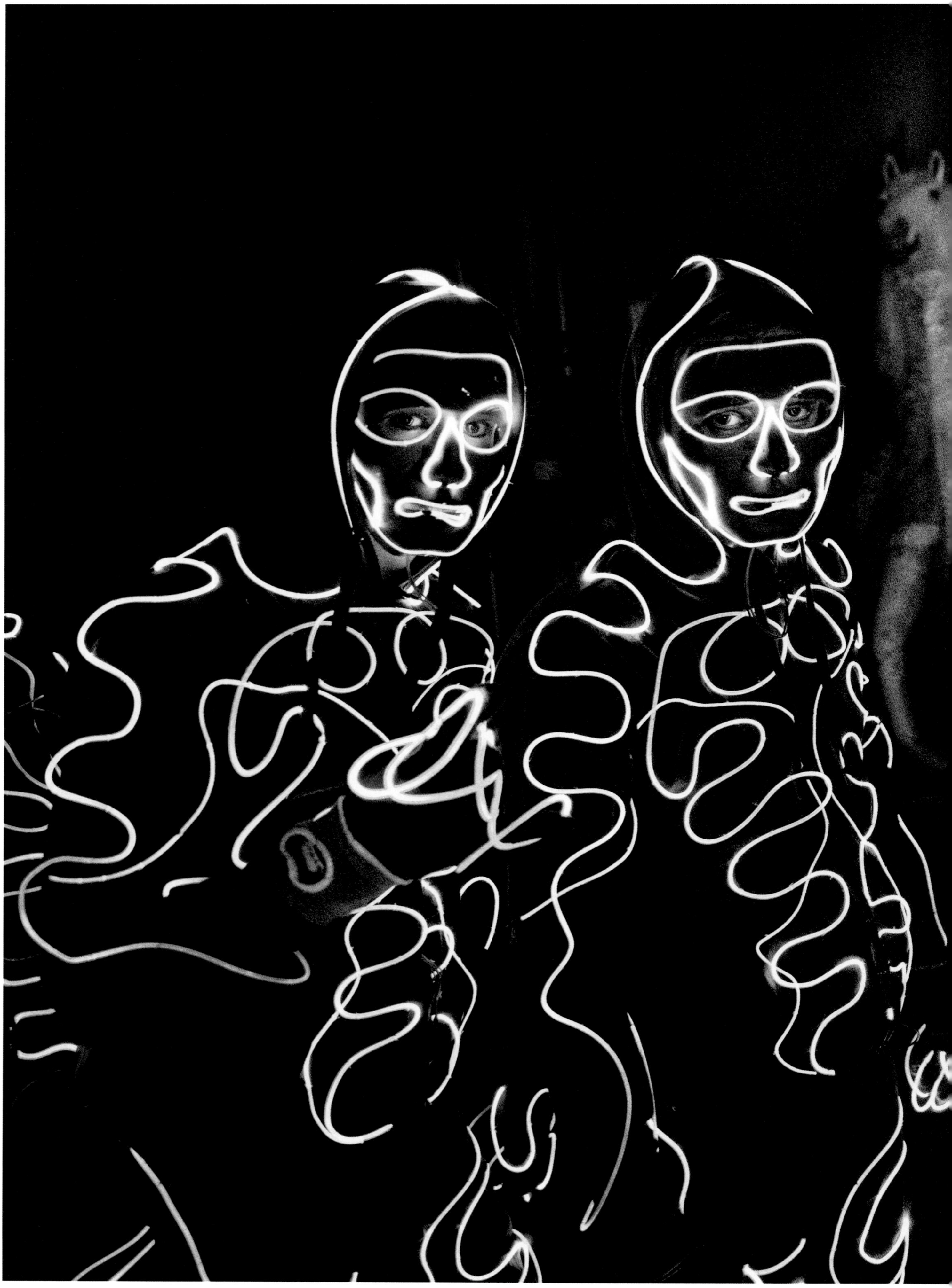

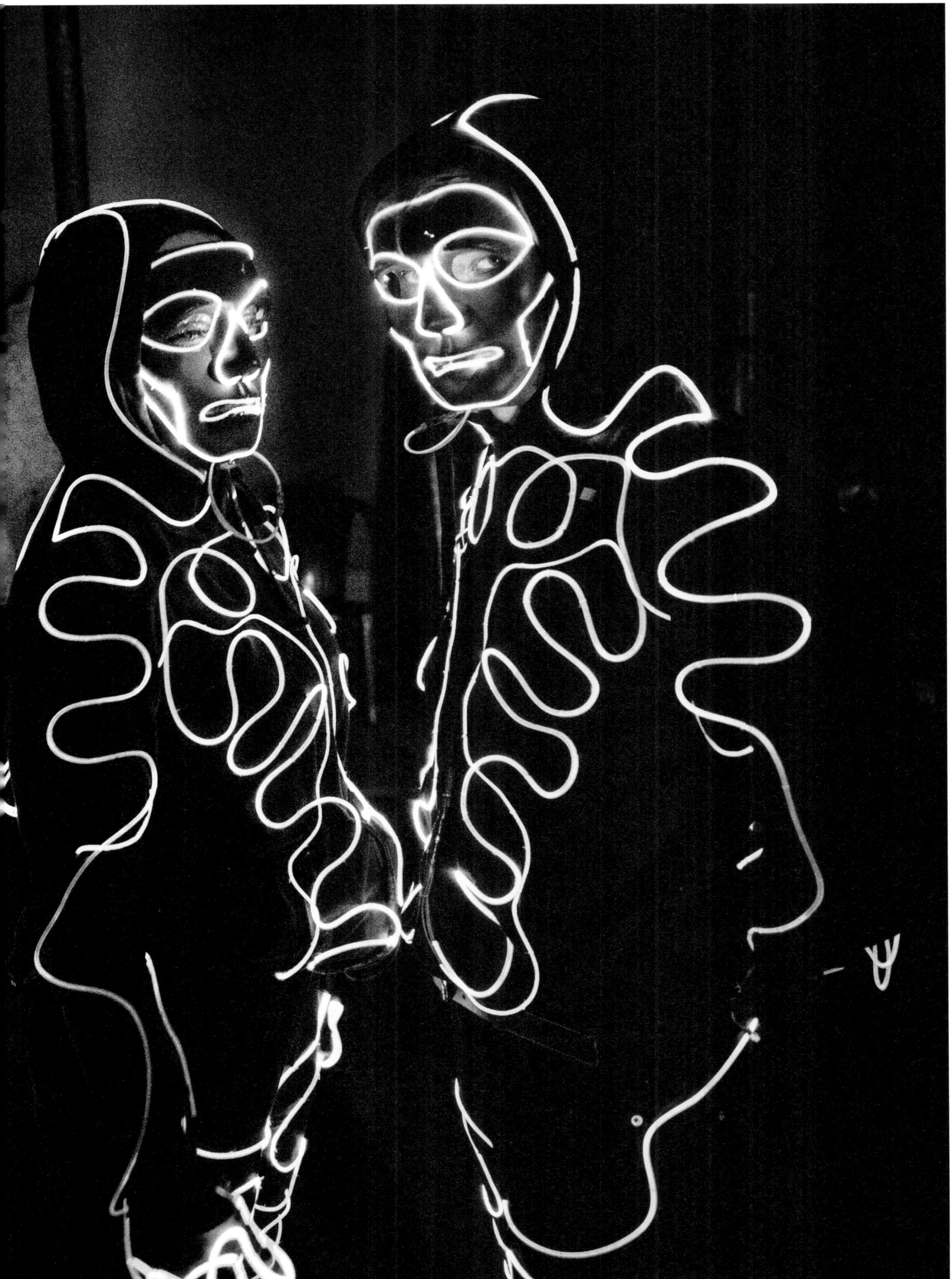

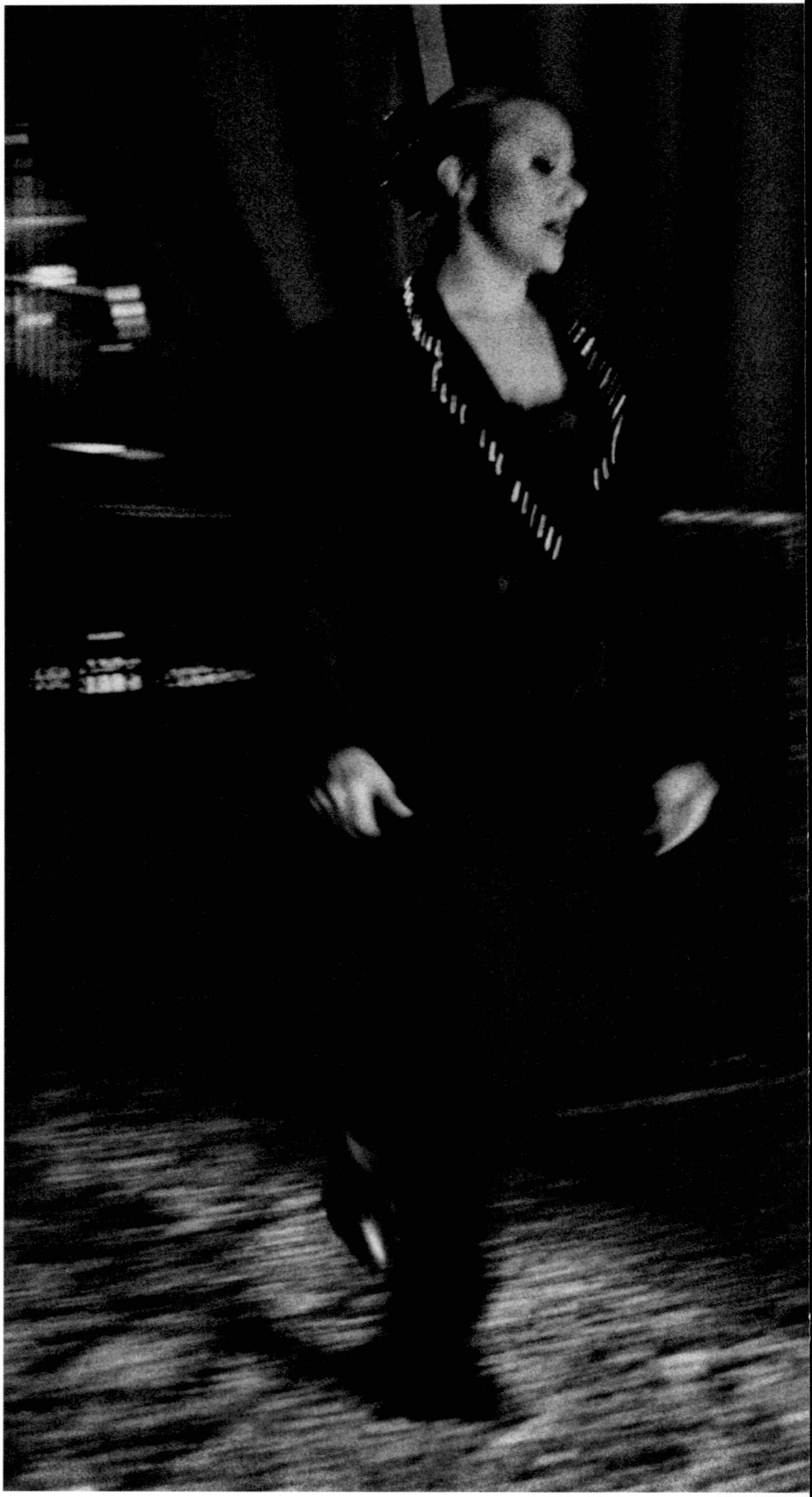

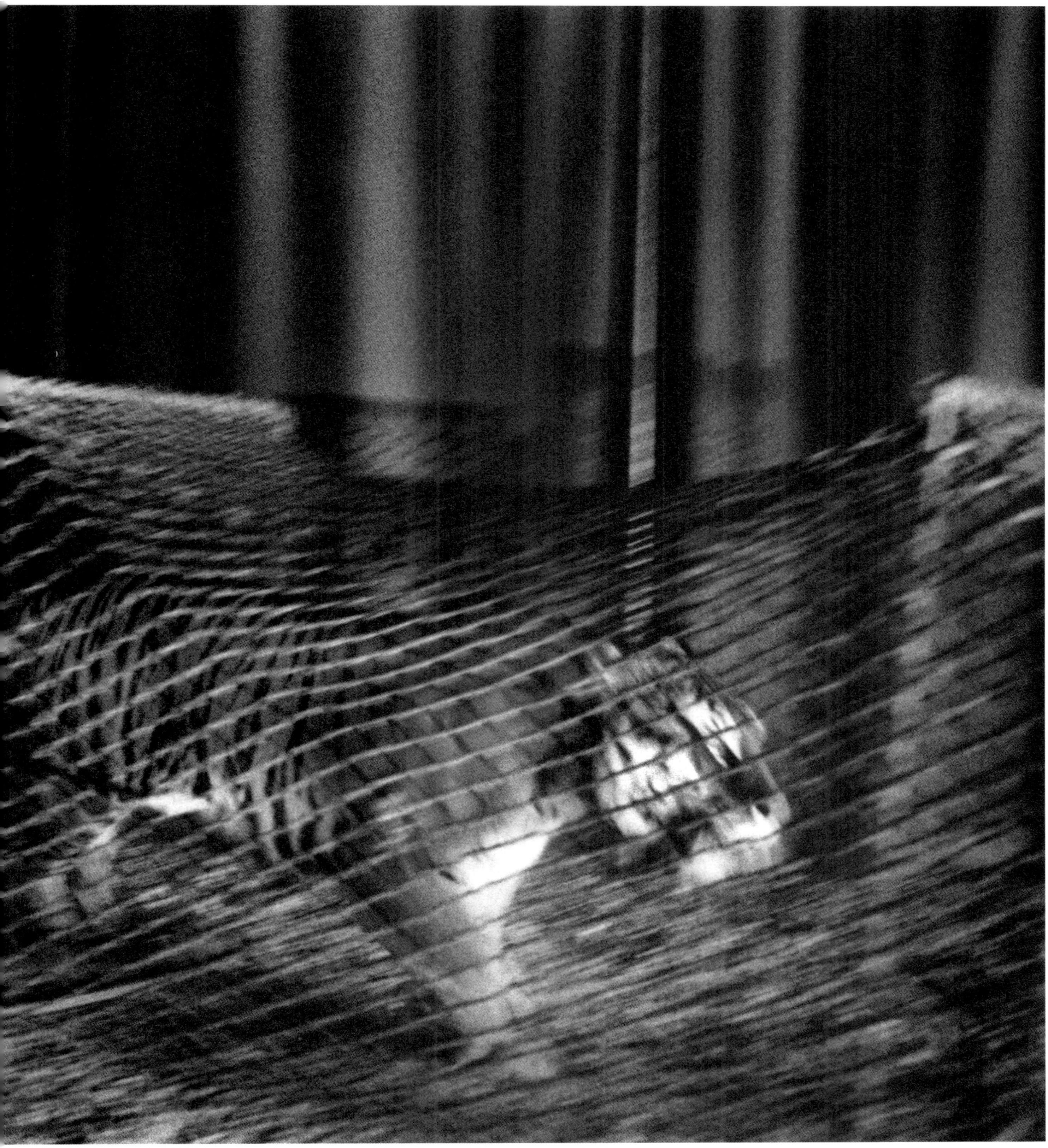

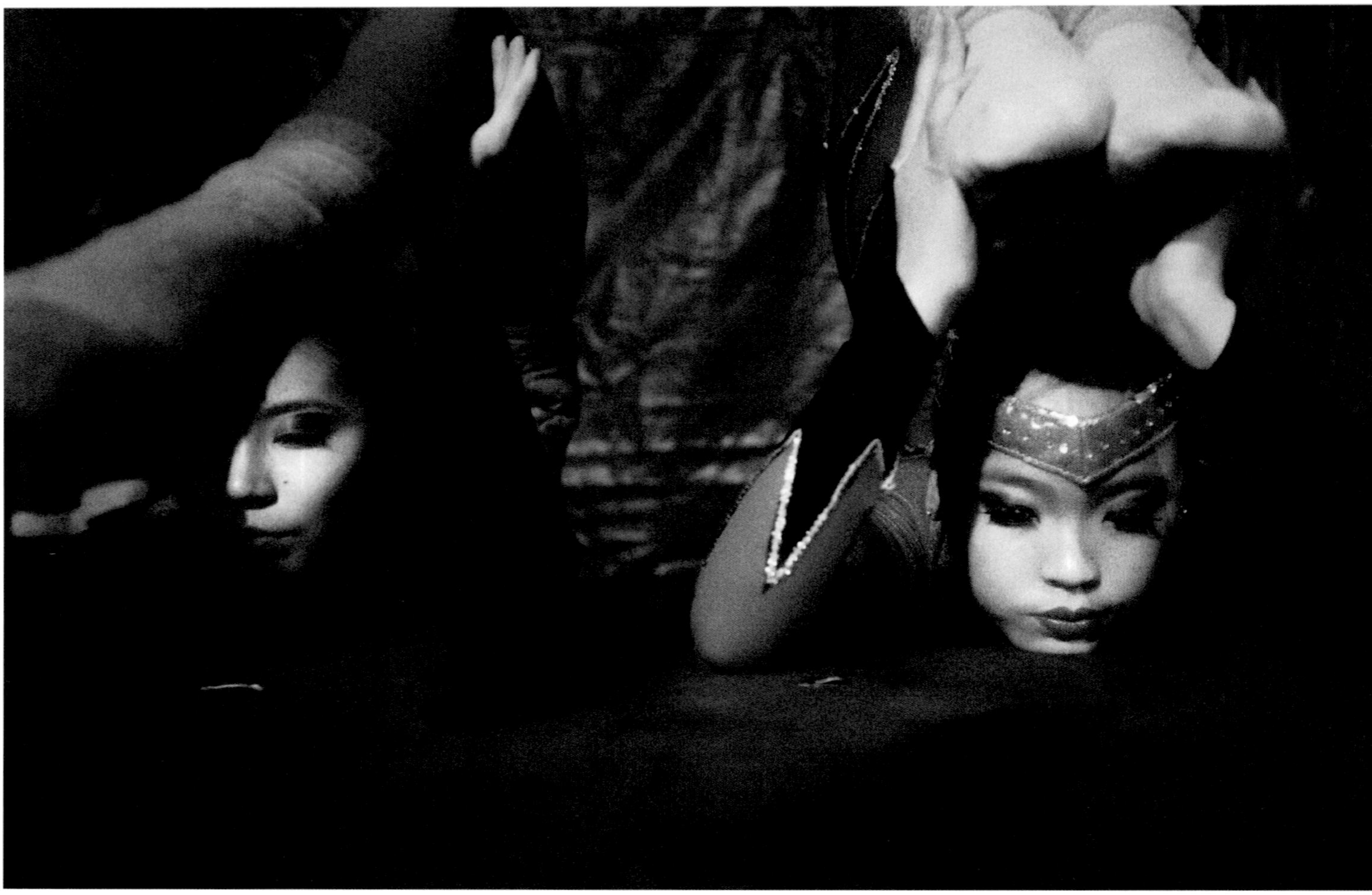

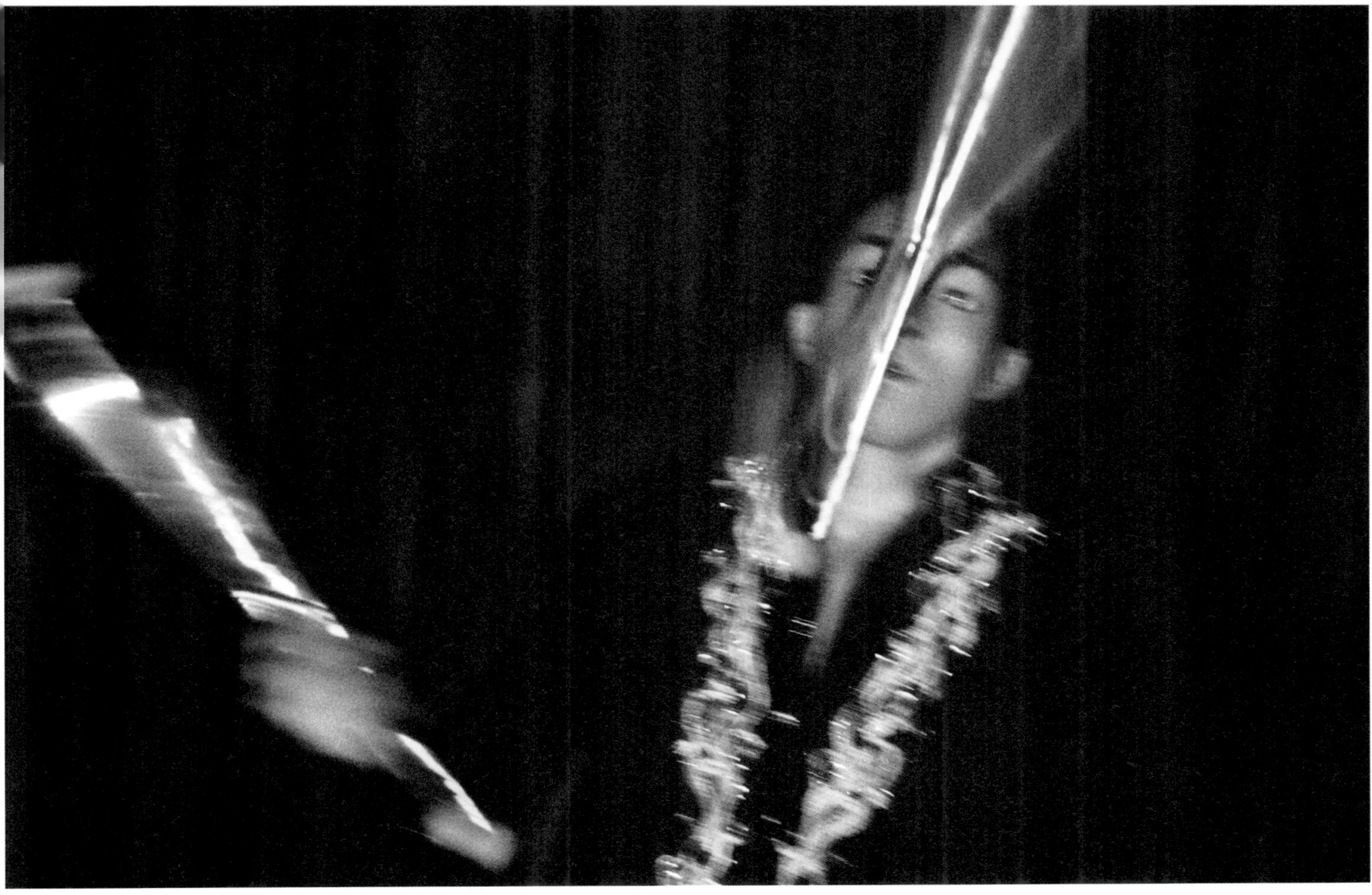

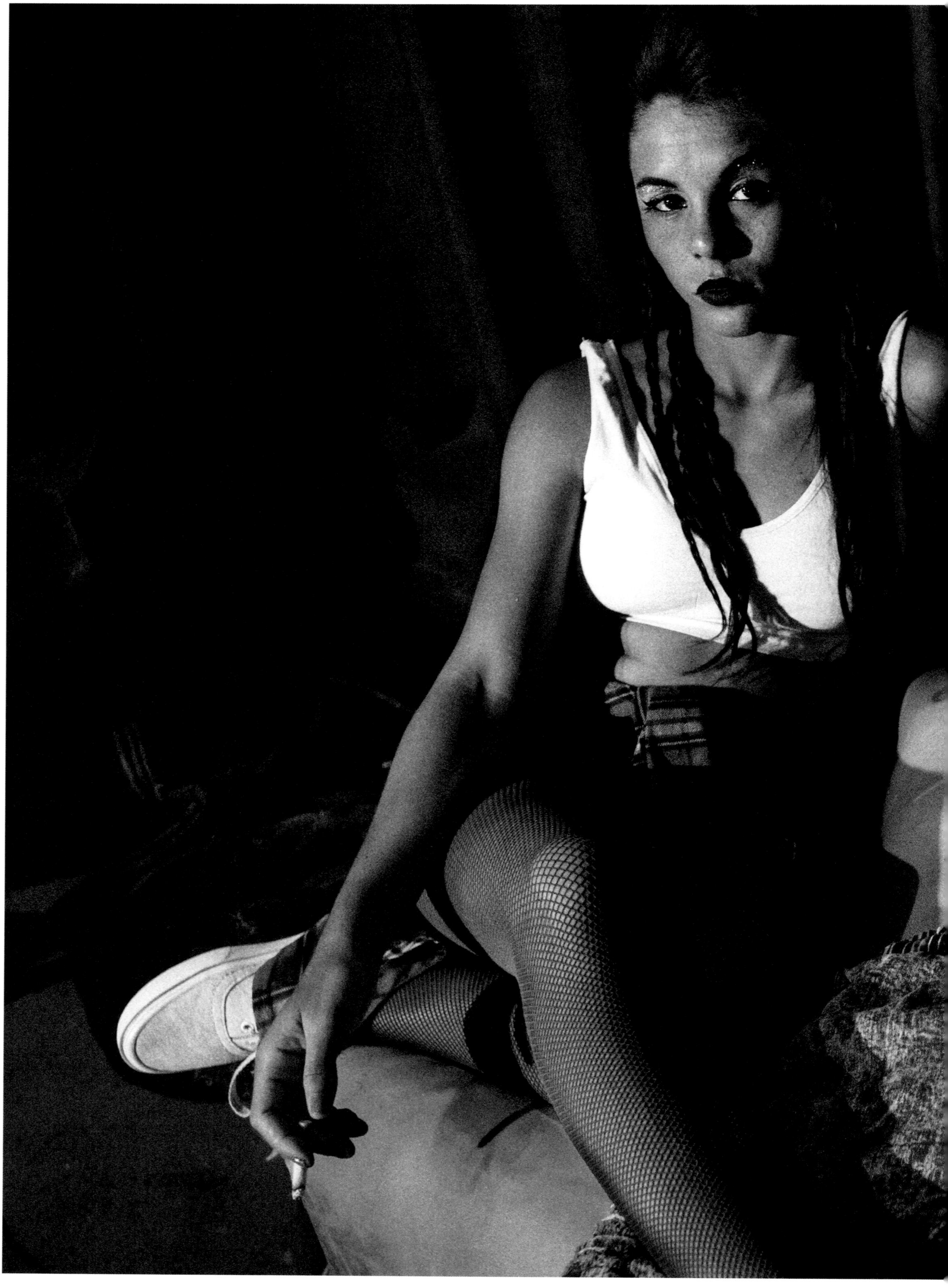

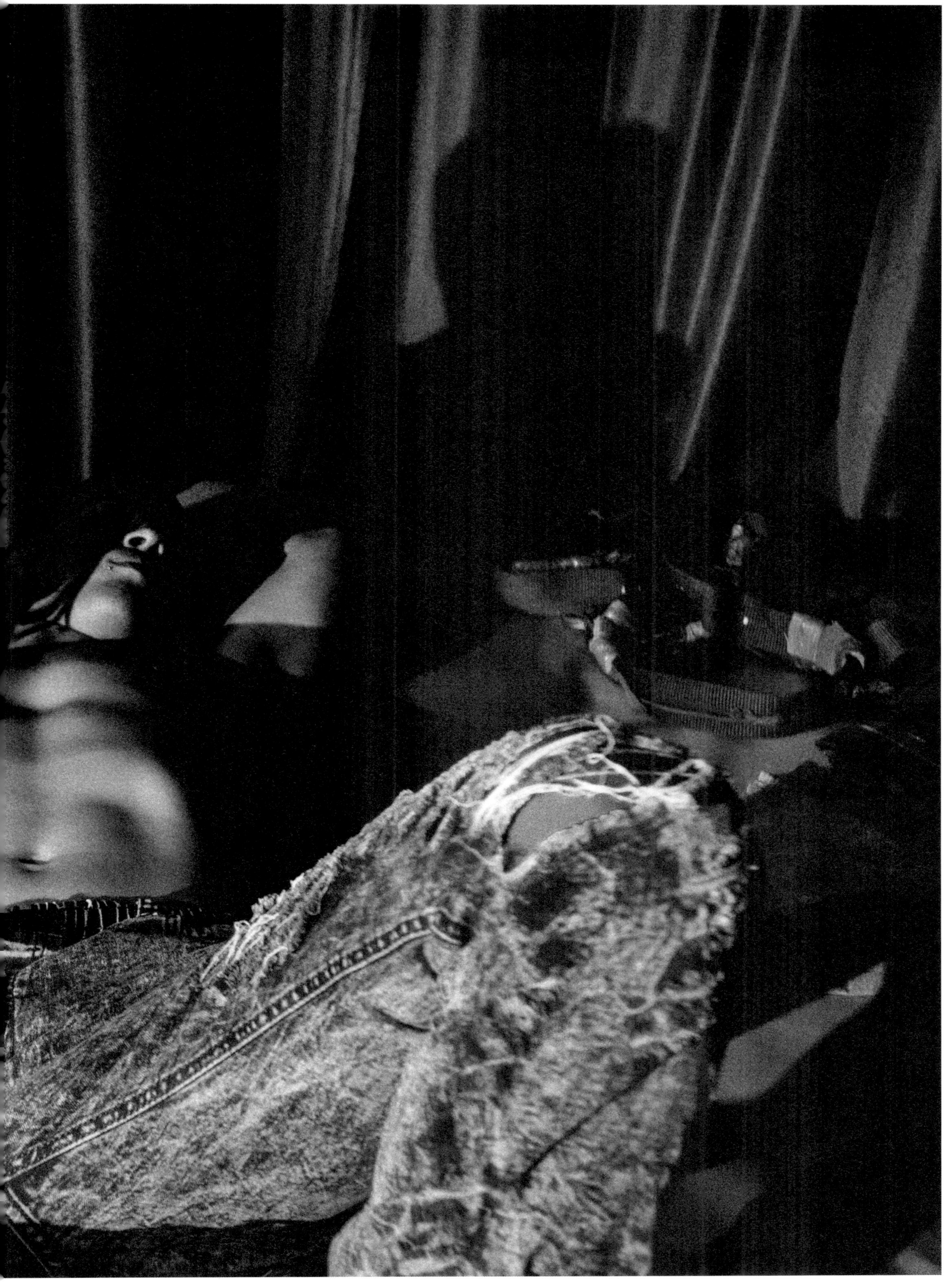

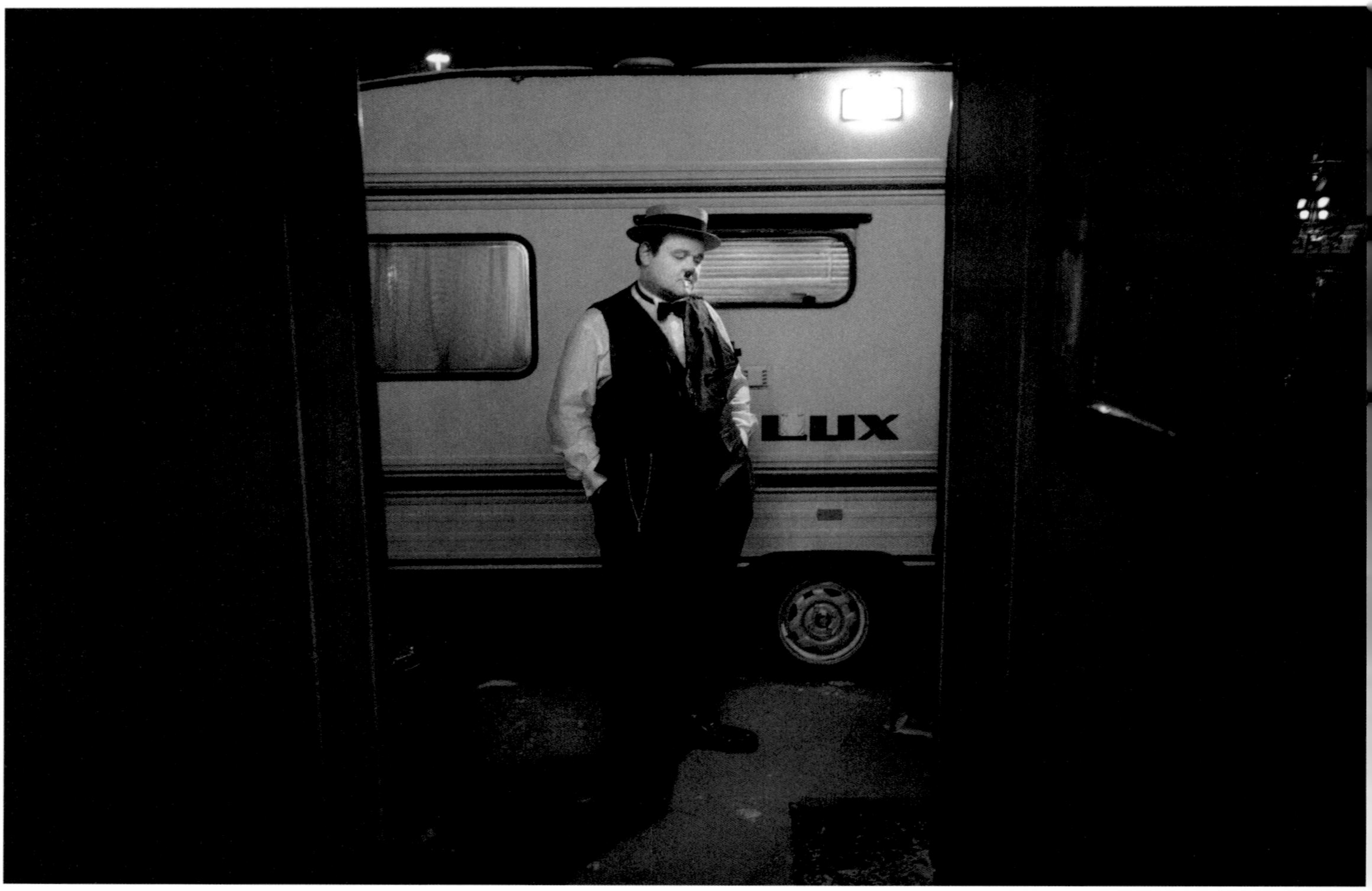
LUX

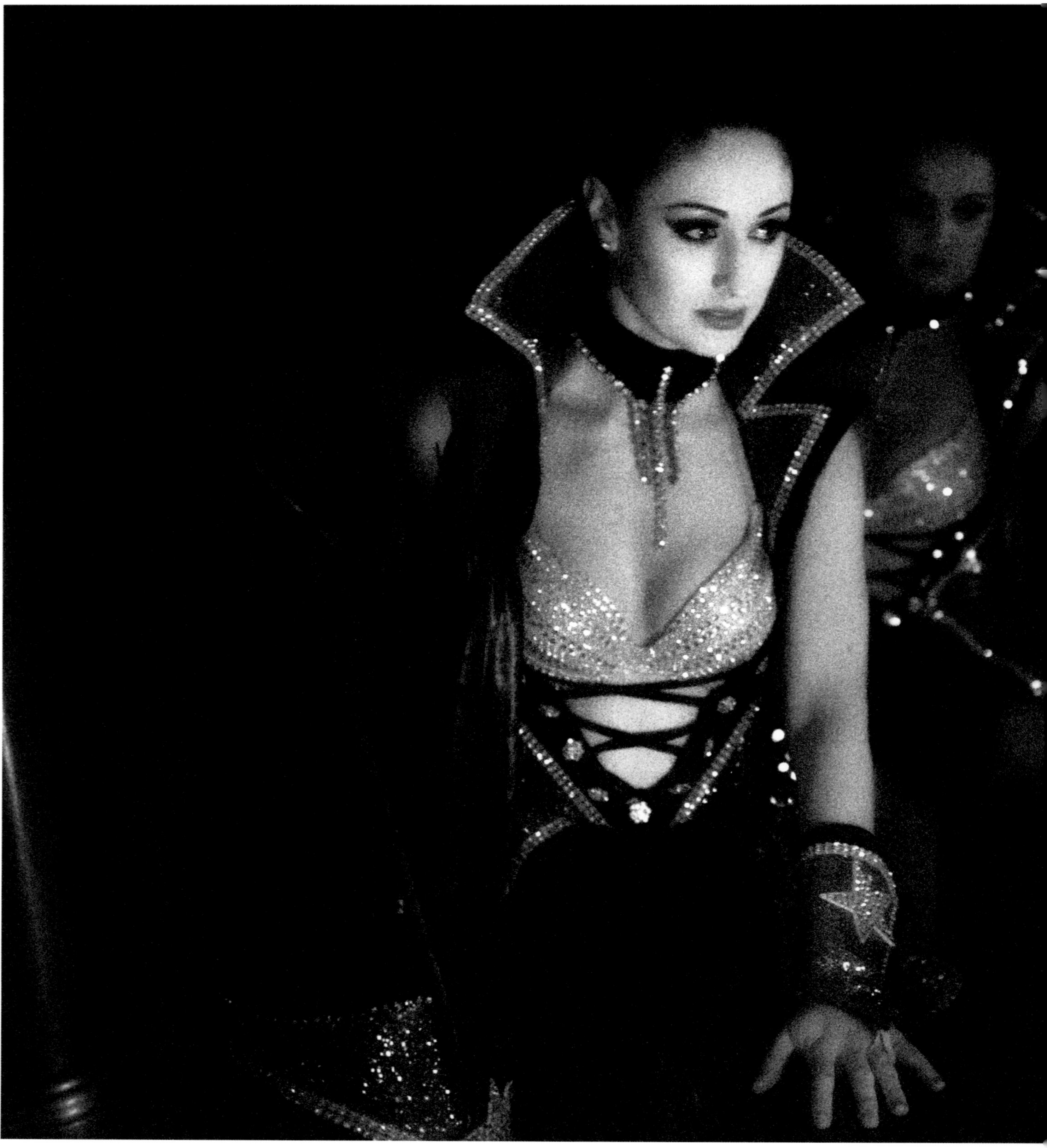

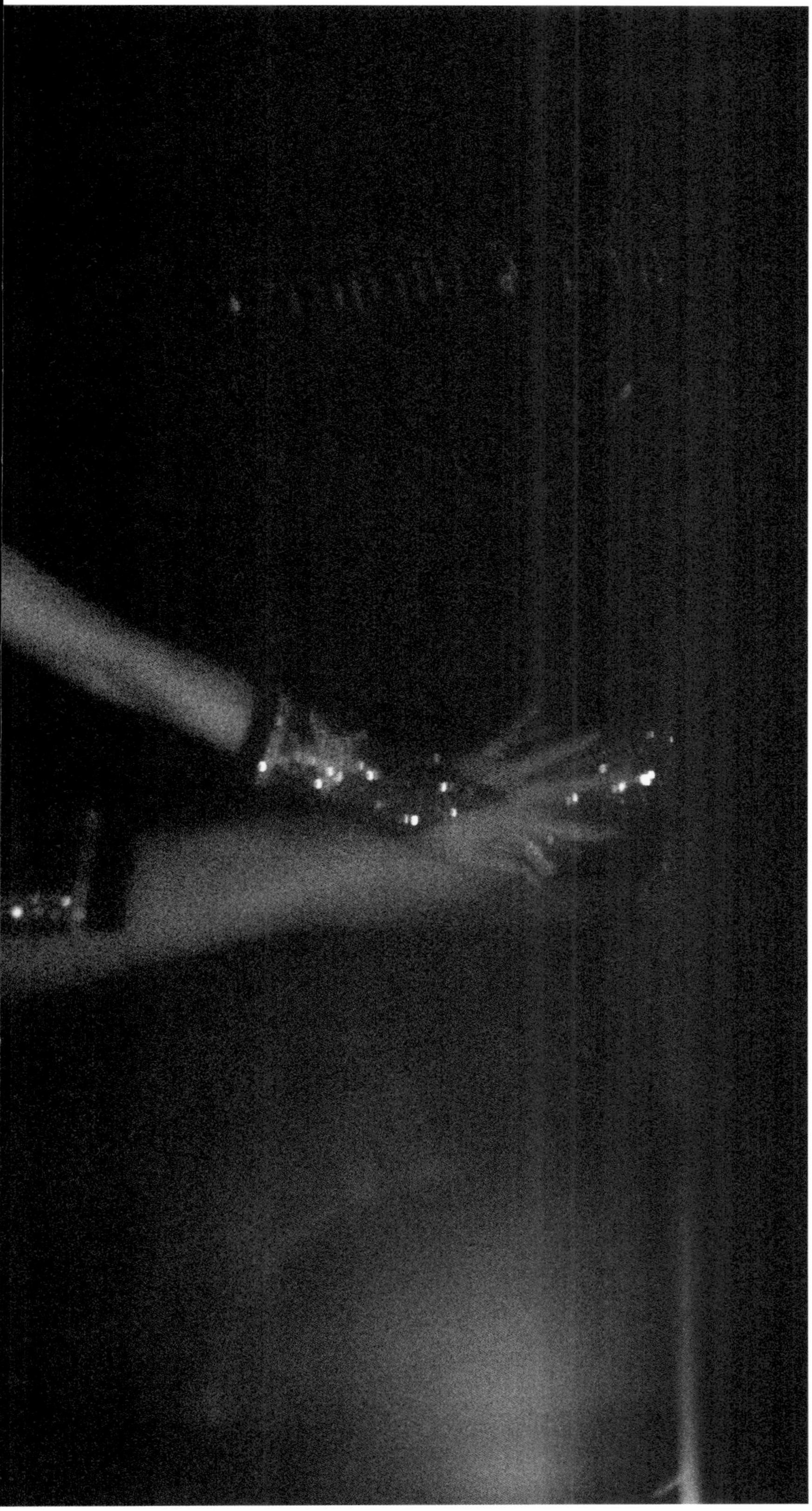

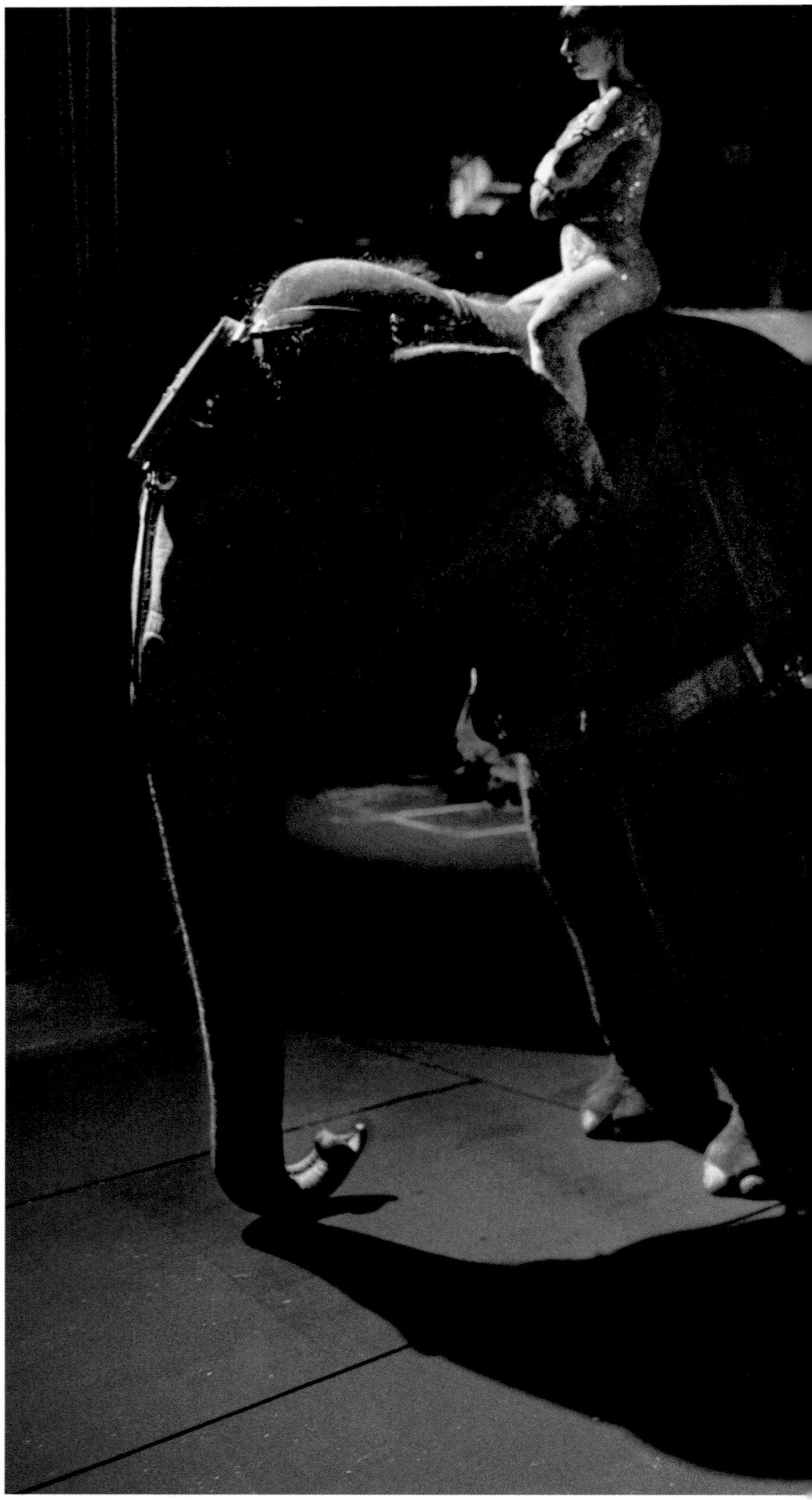

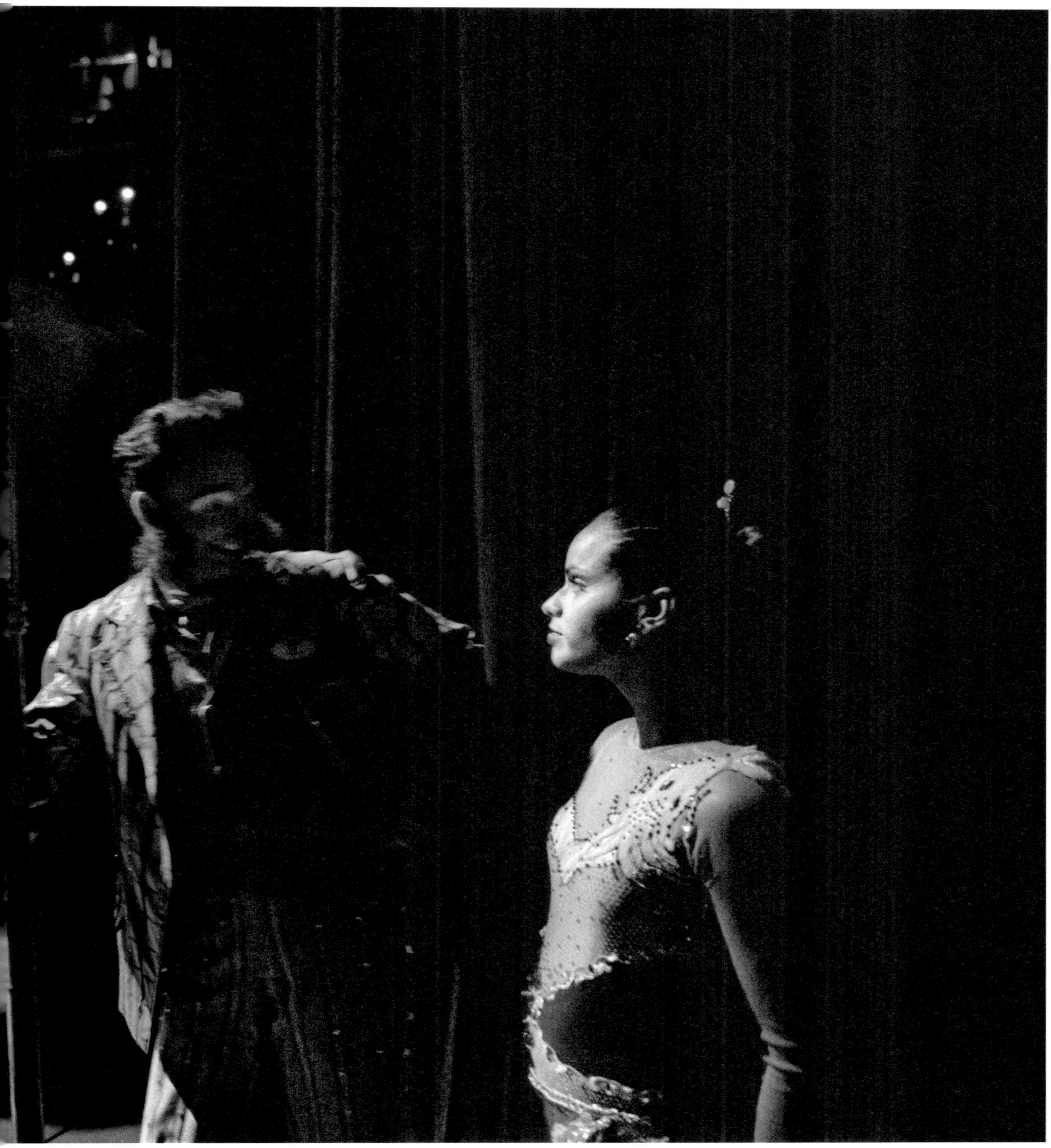

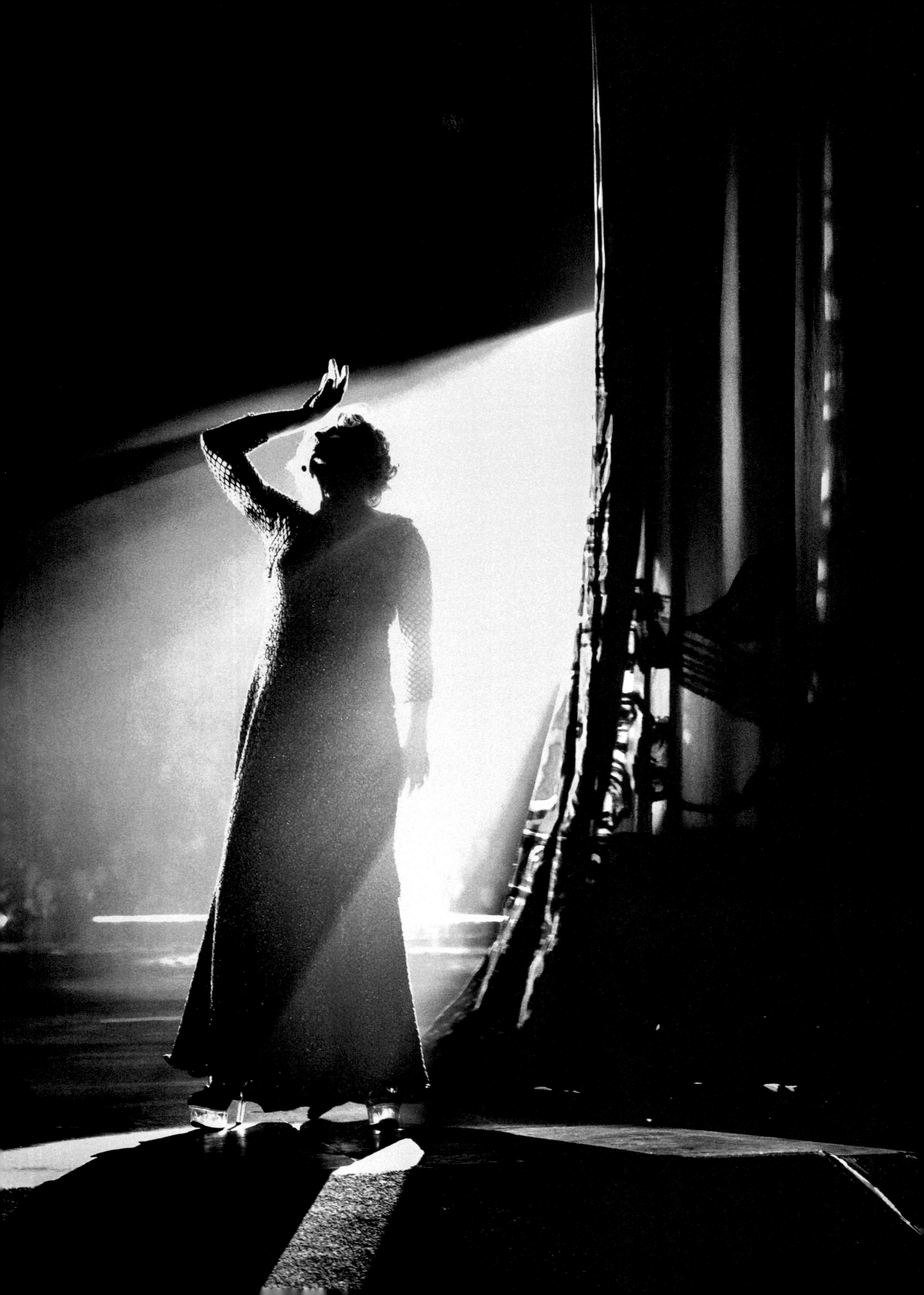

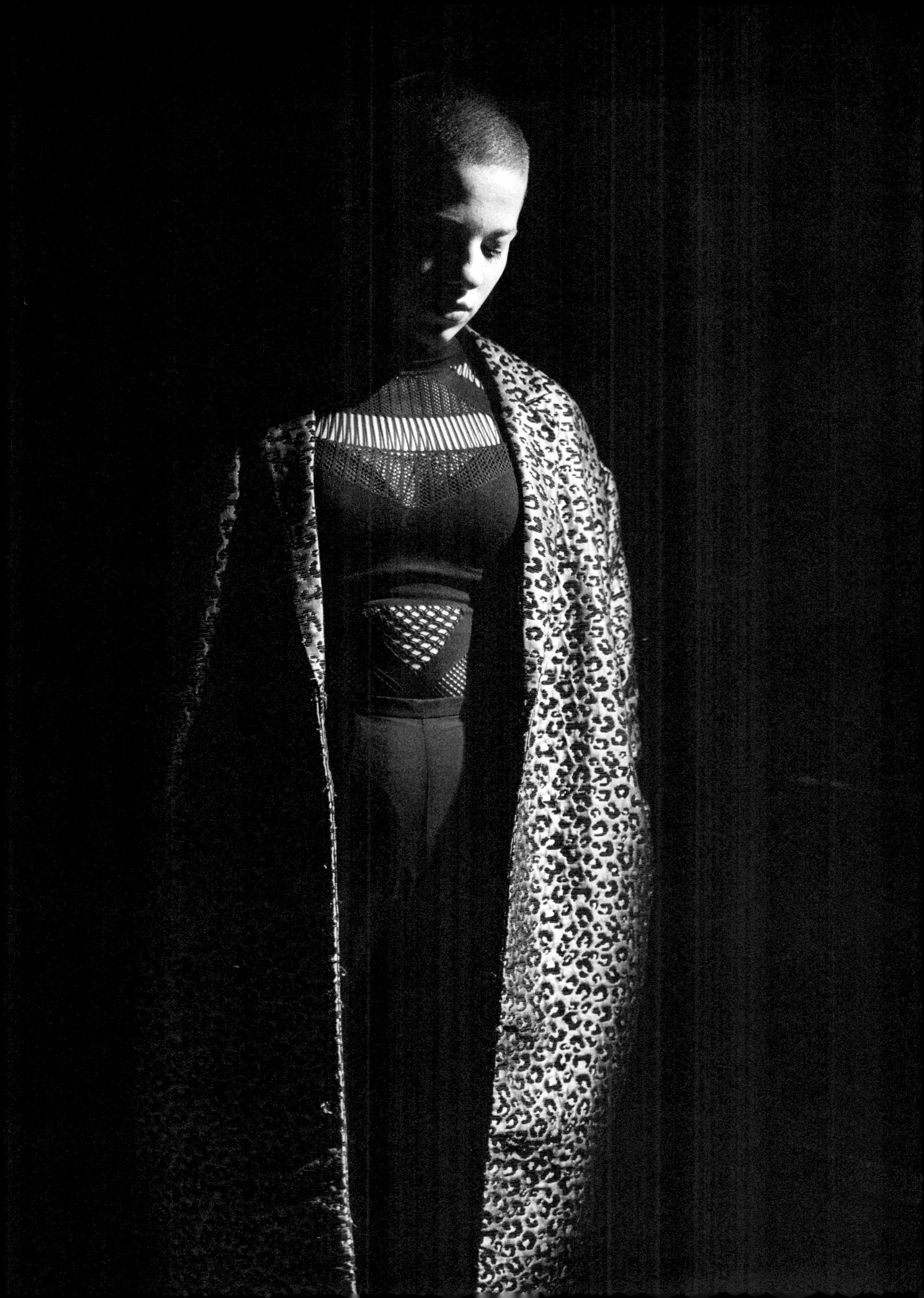

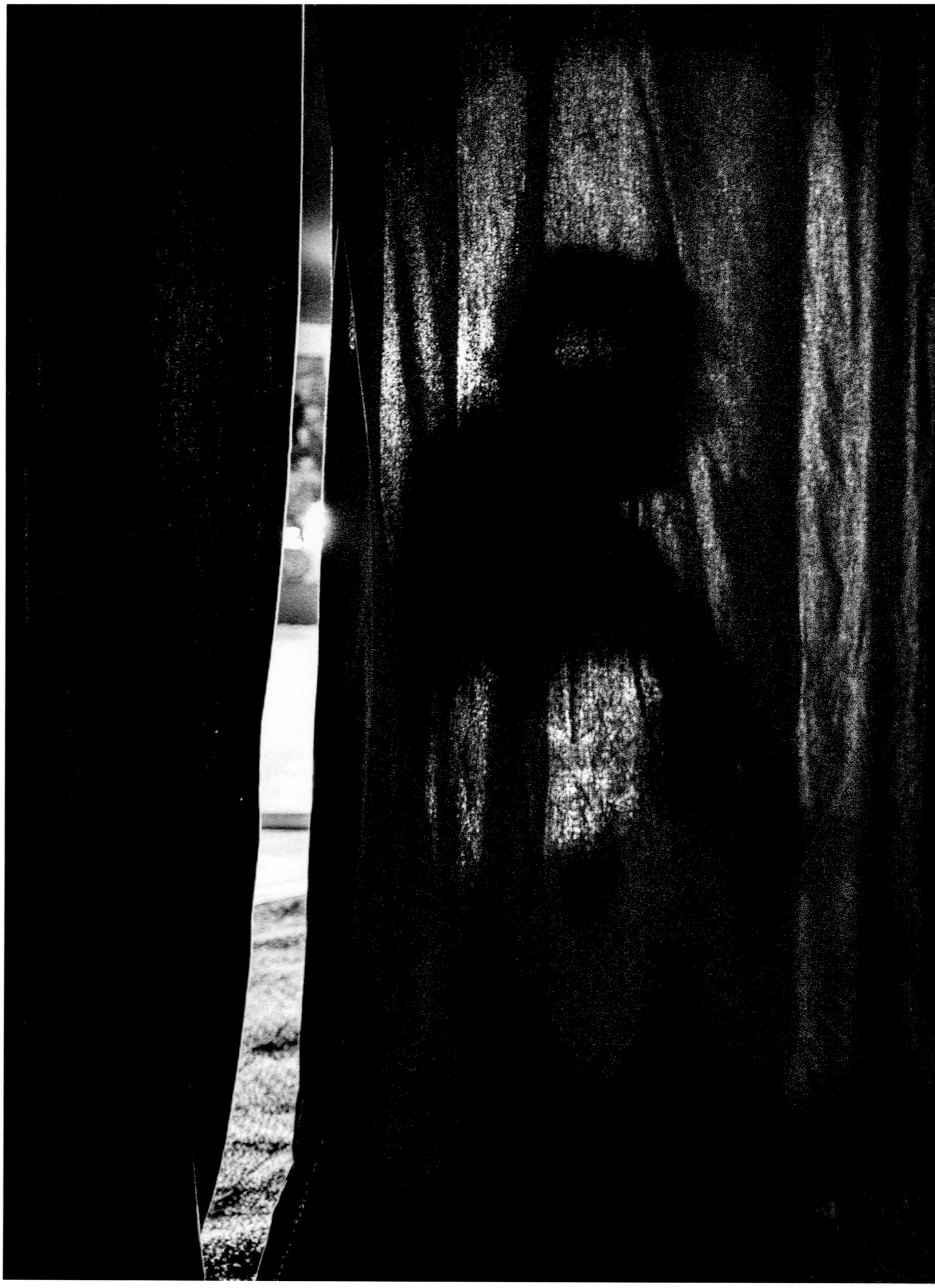

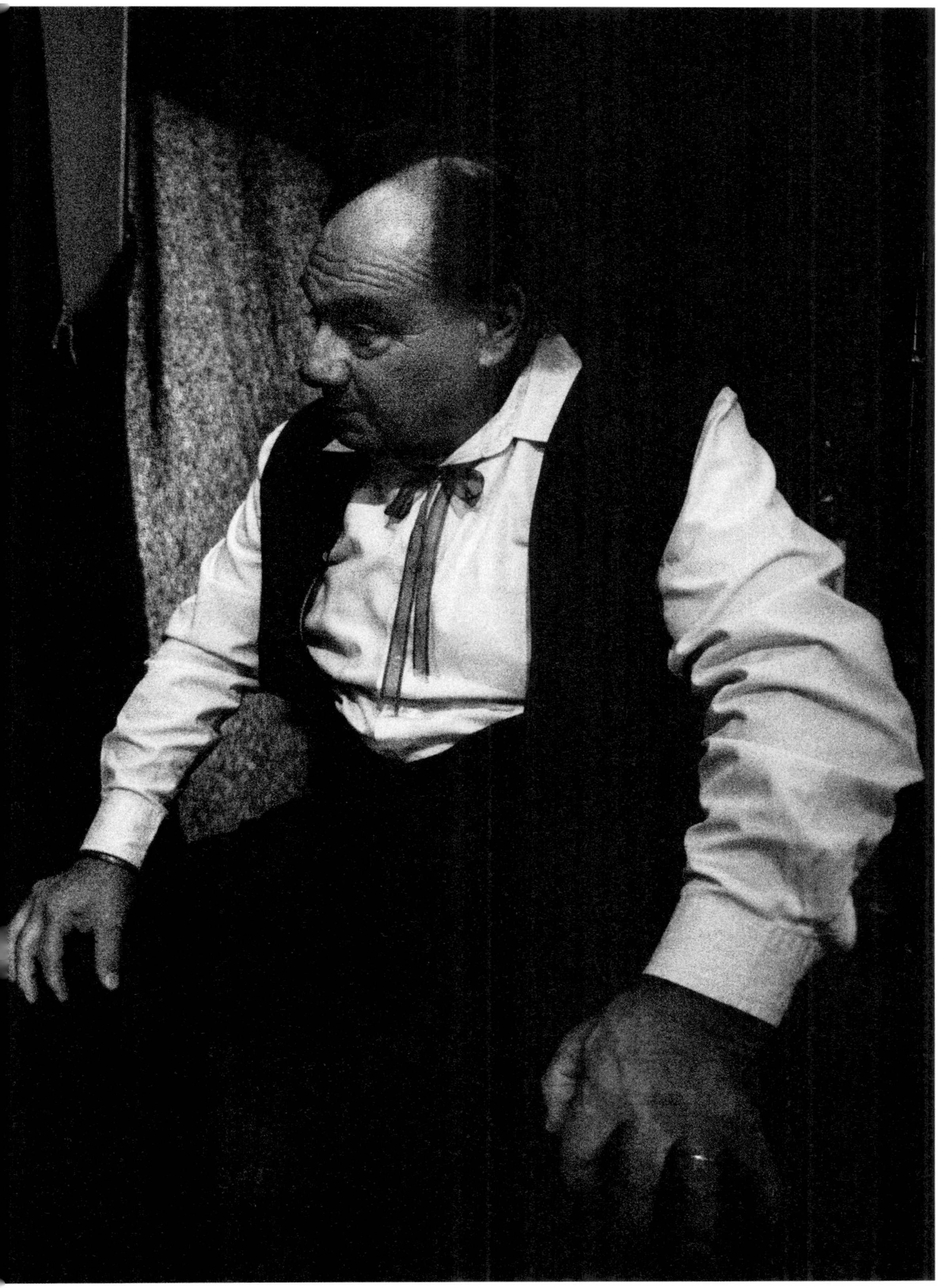

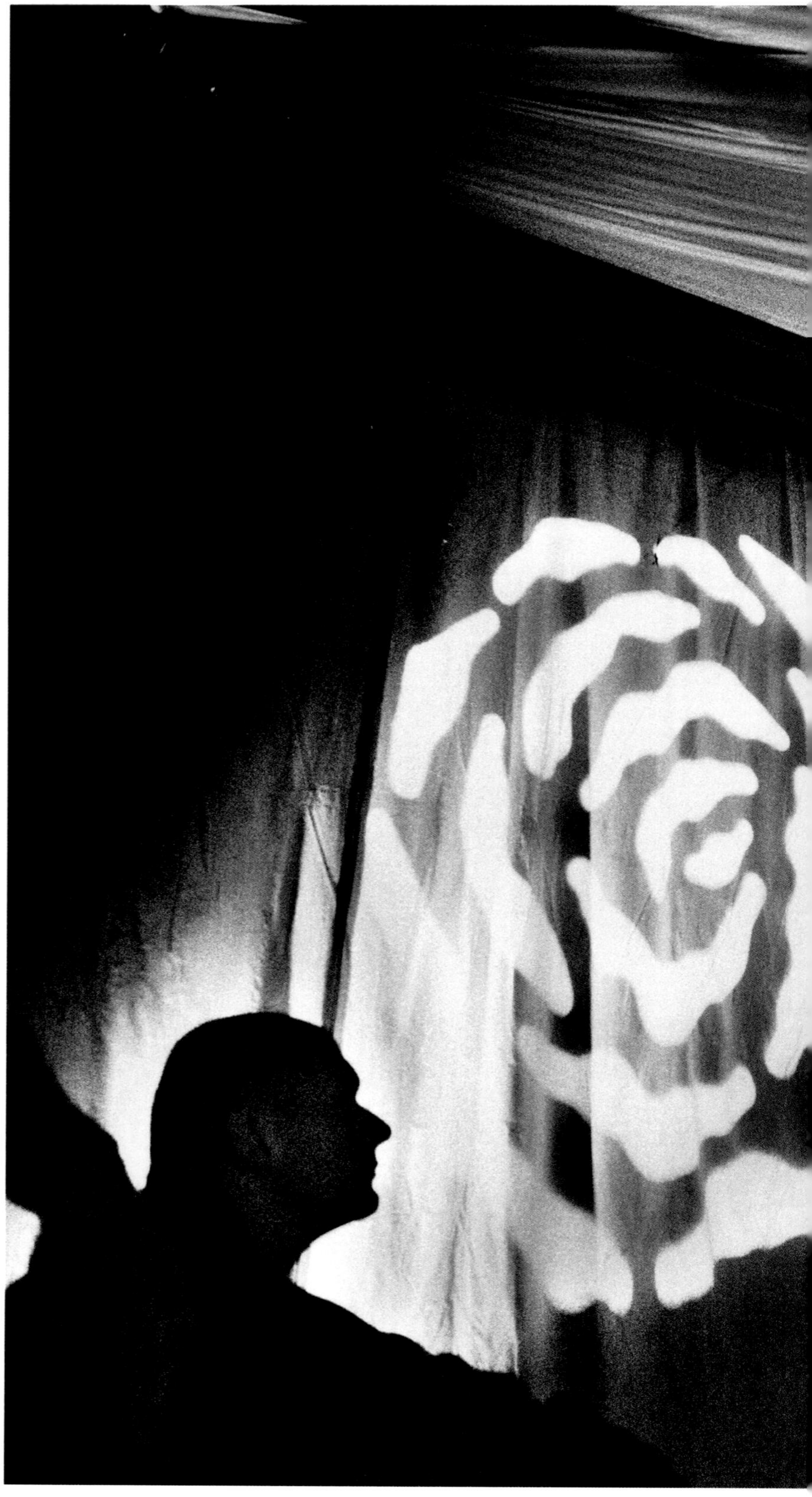

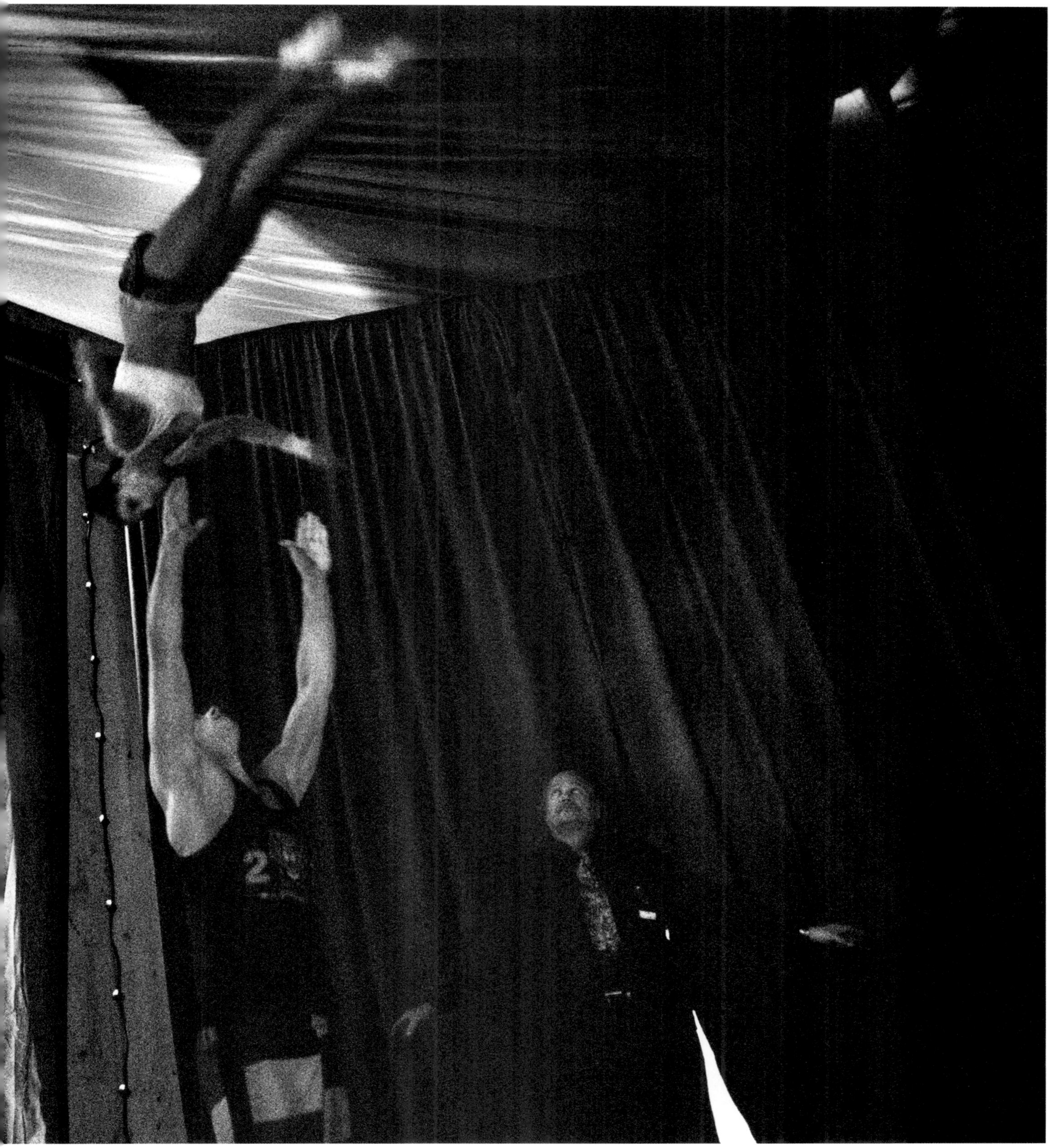

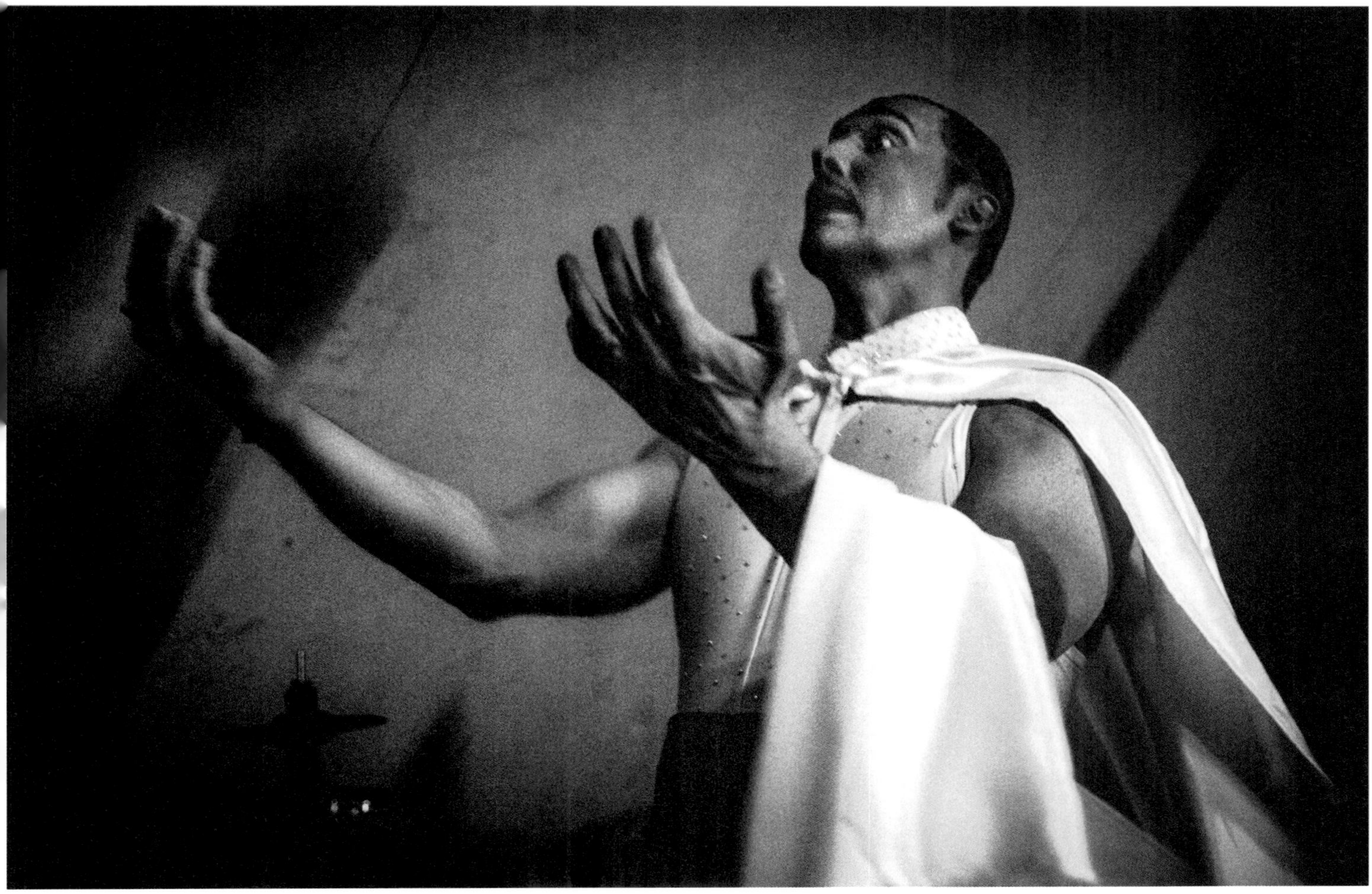

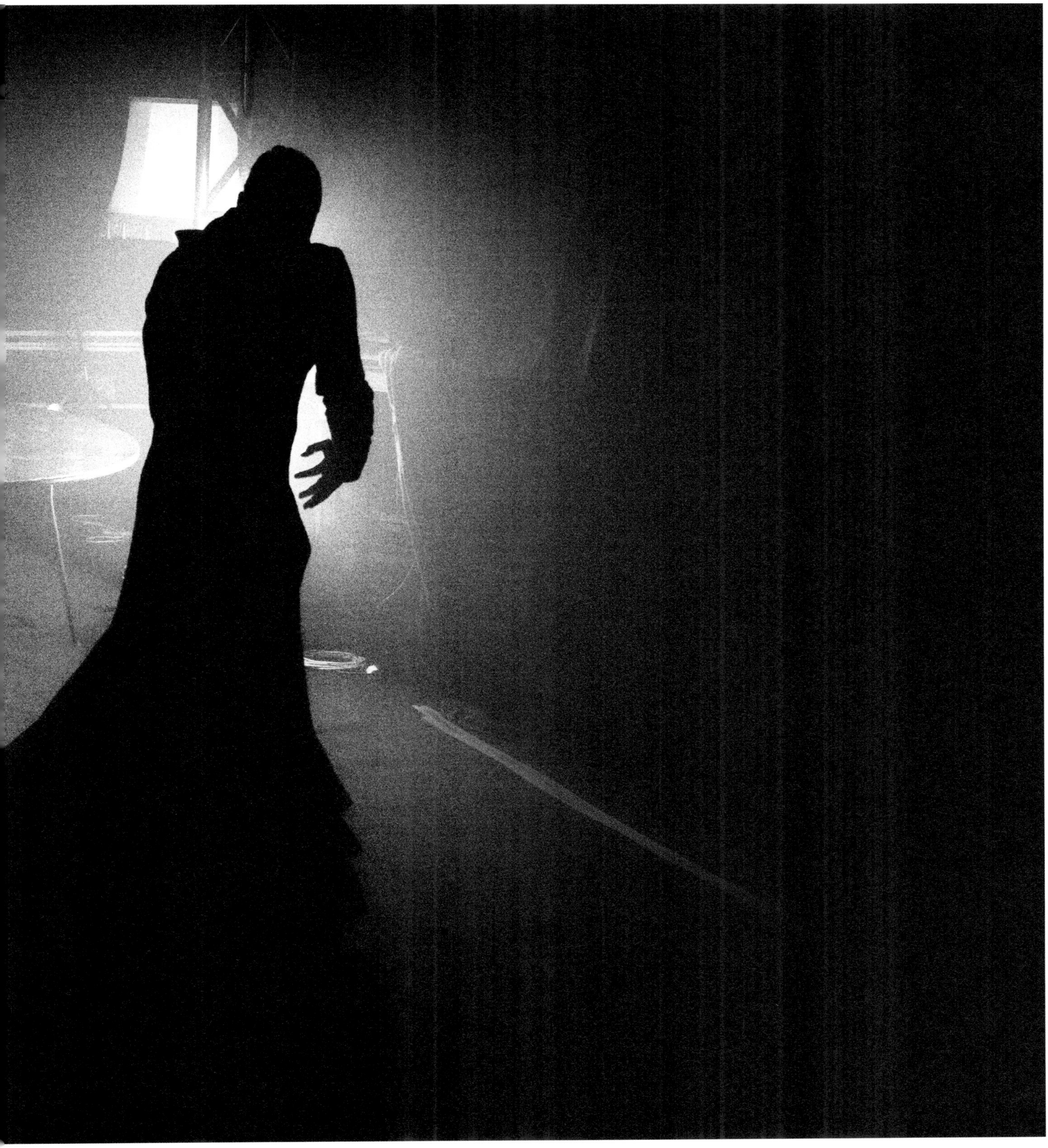

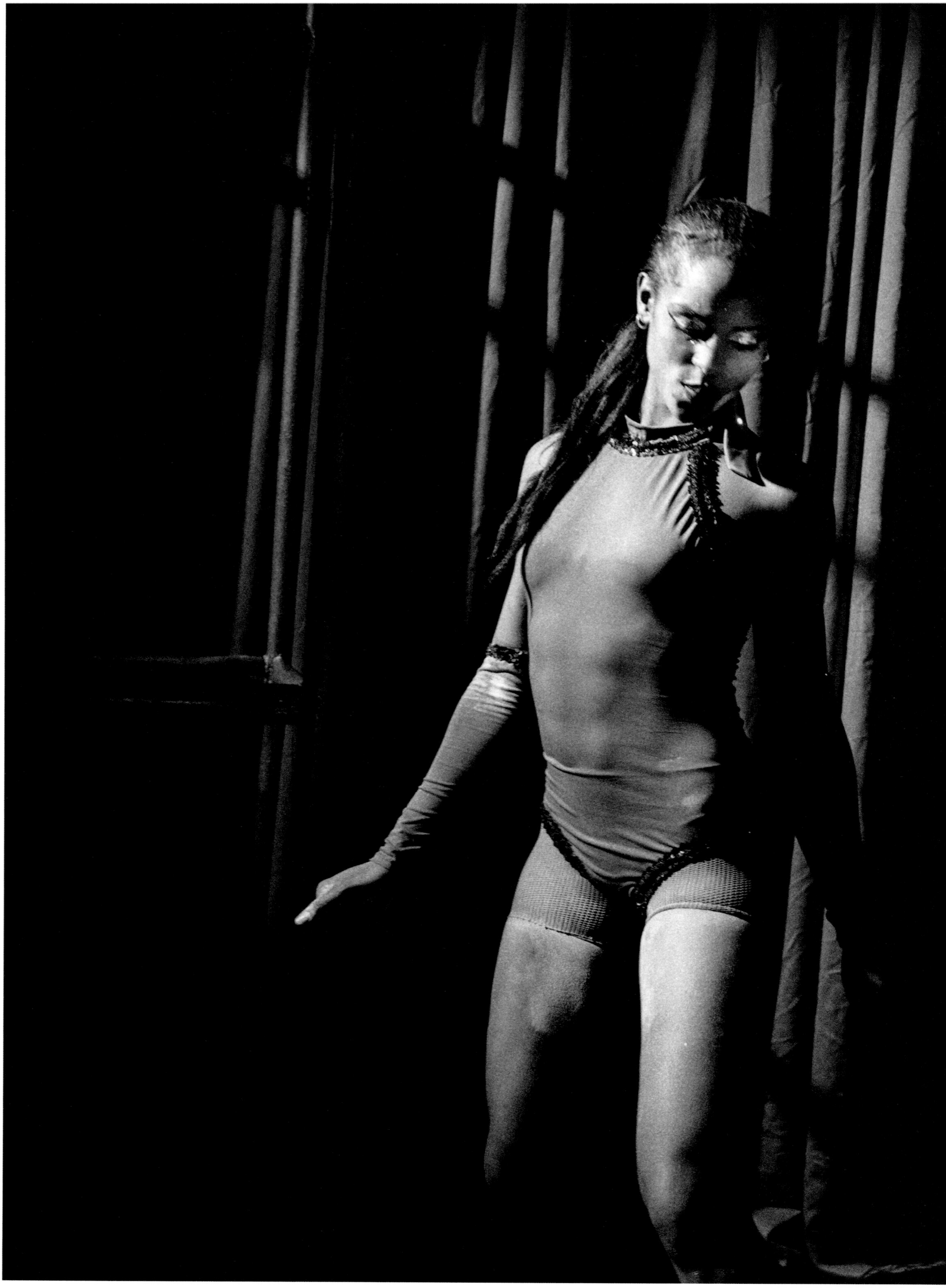

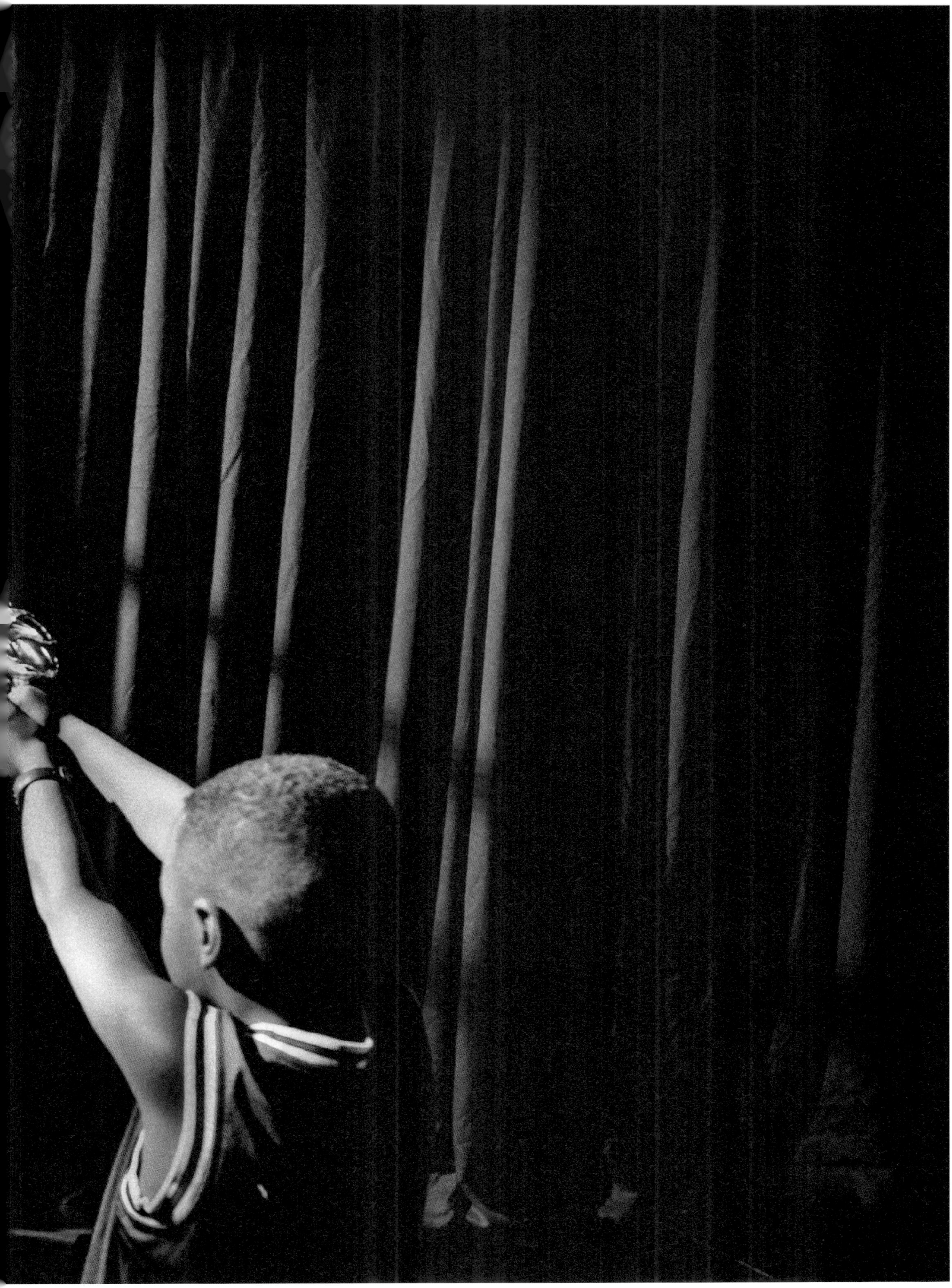

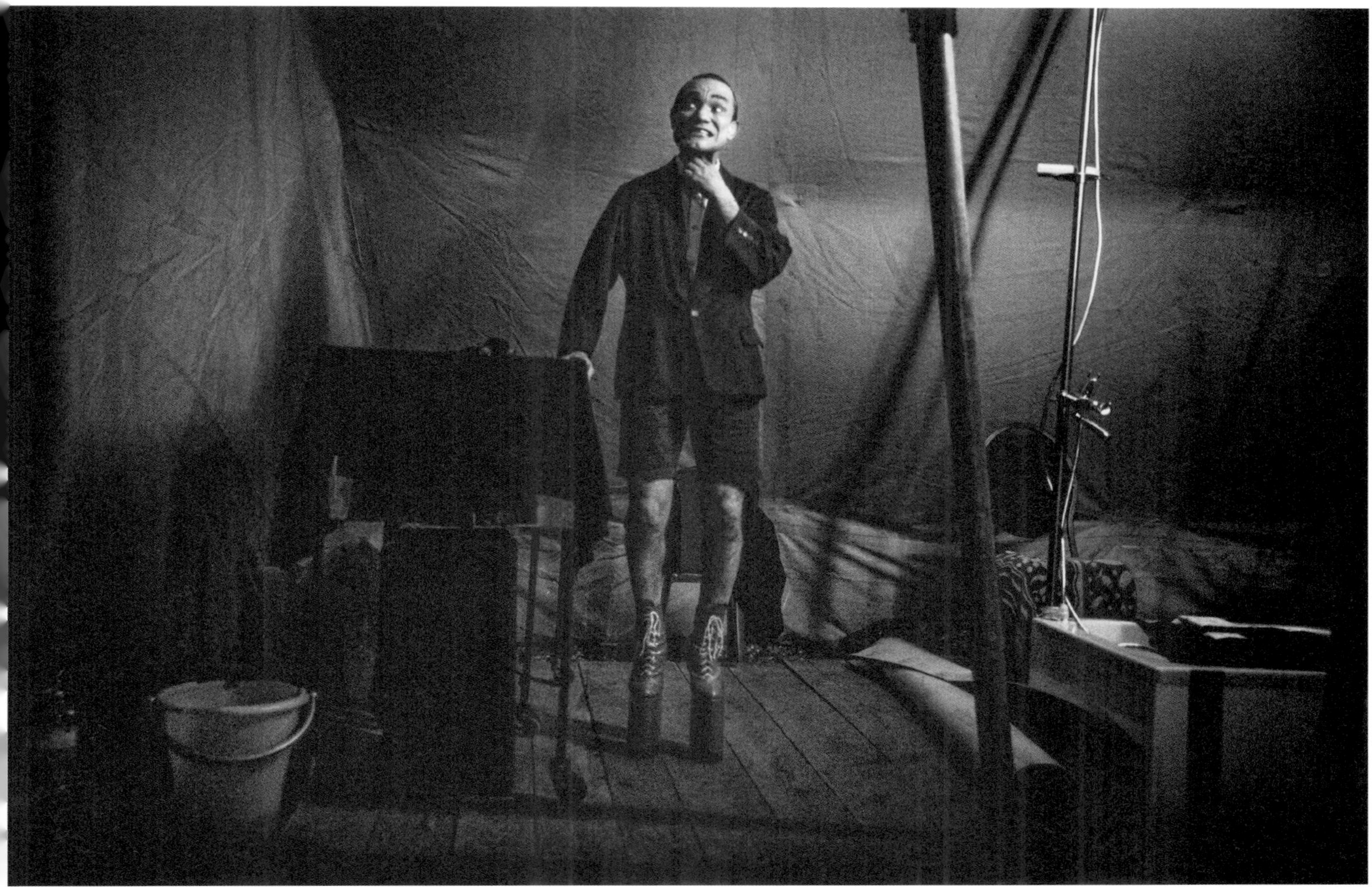

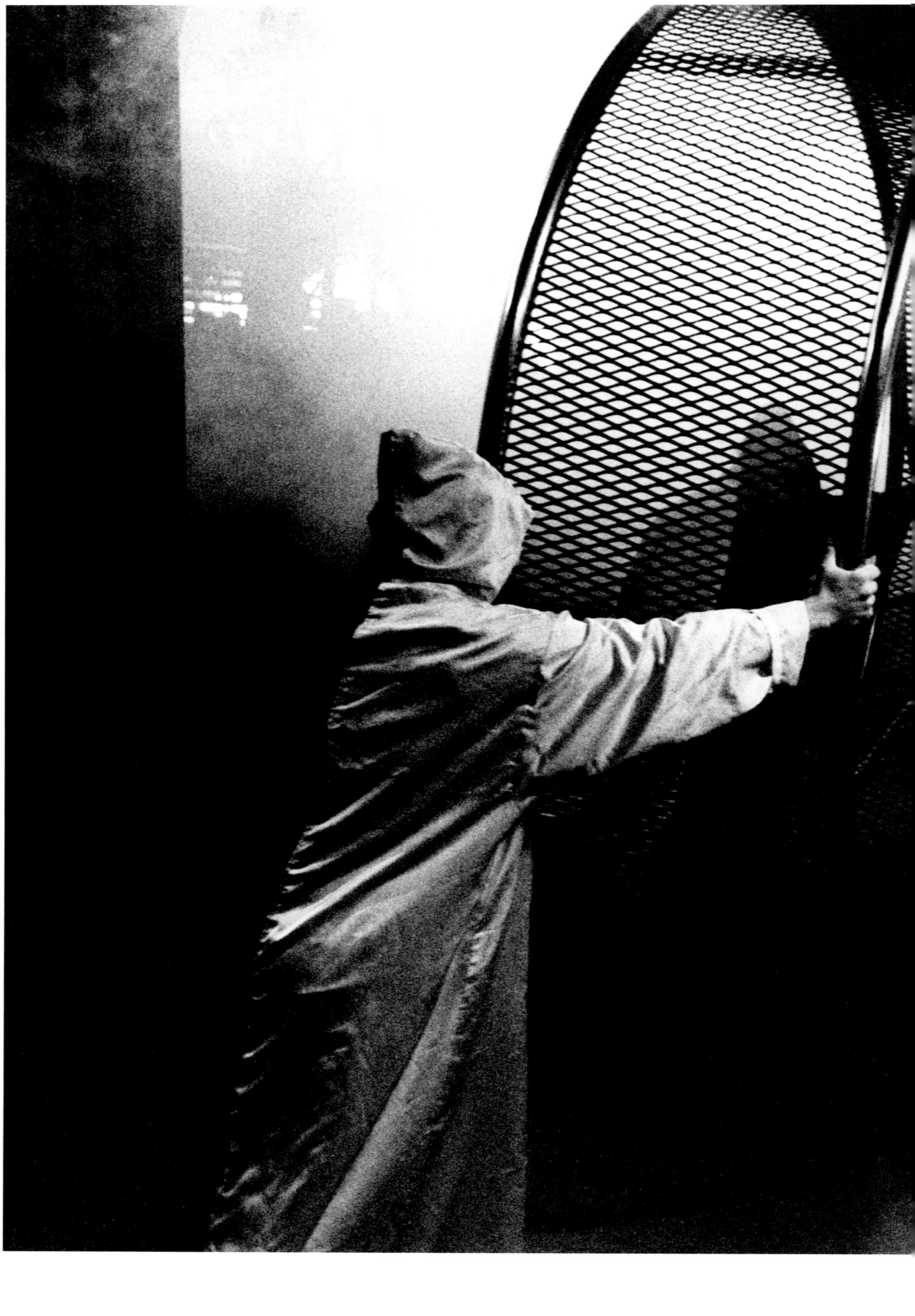

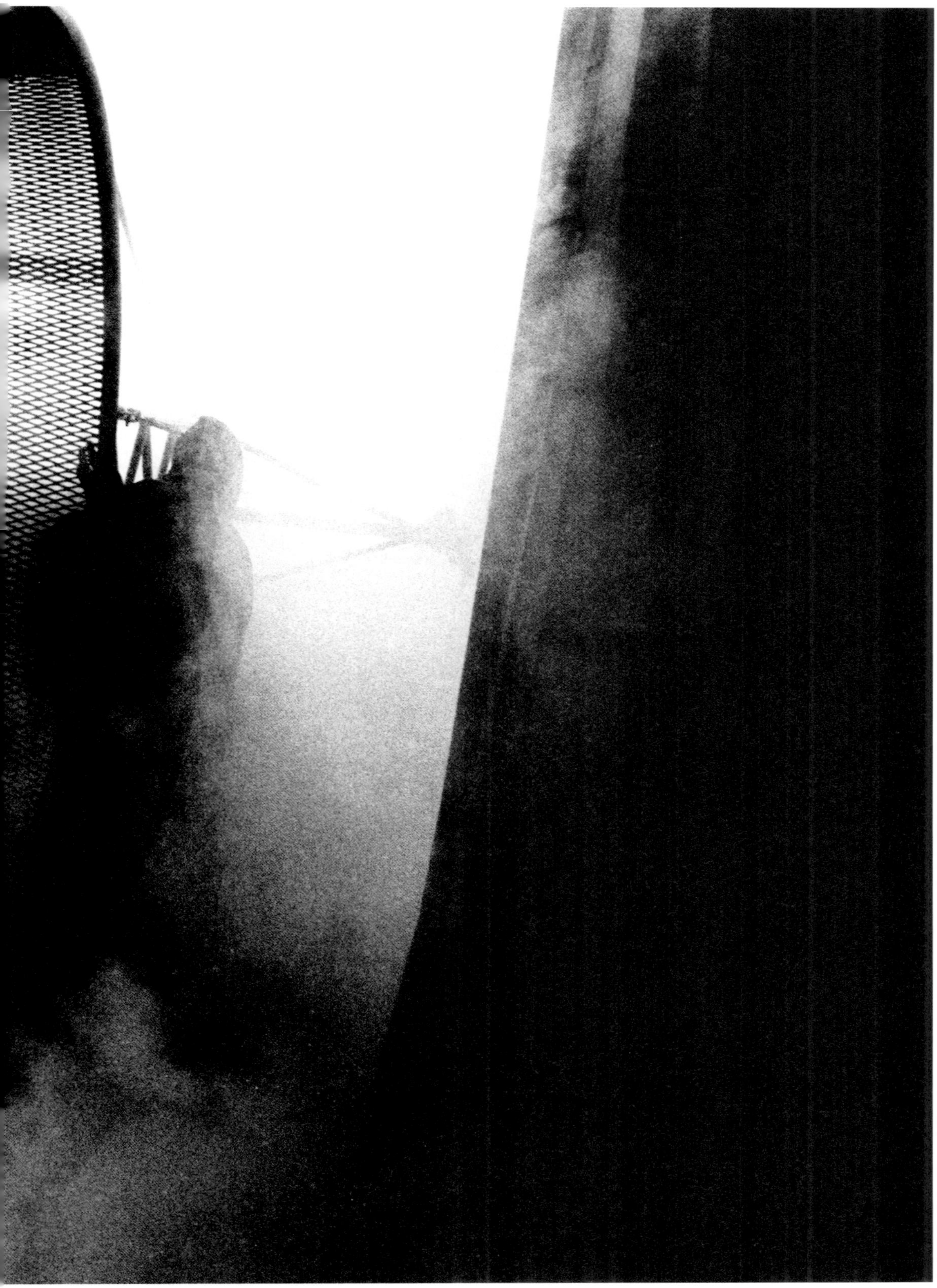

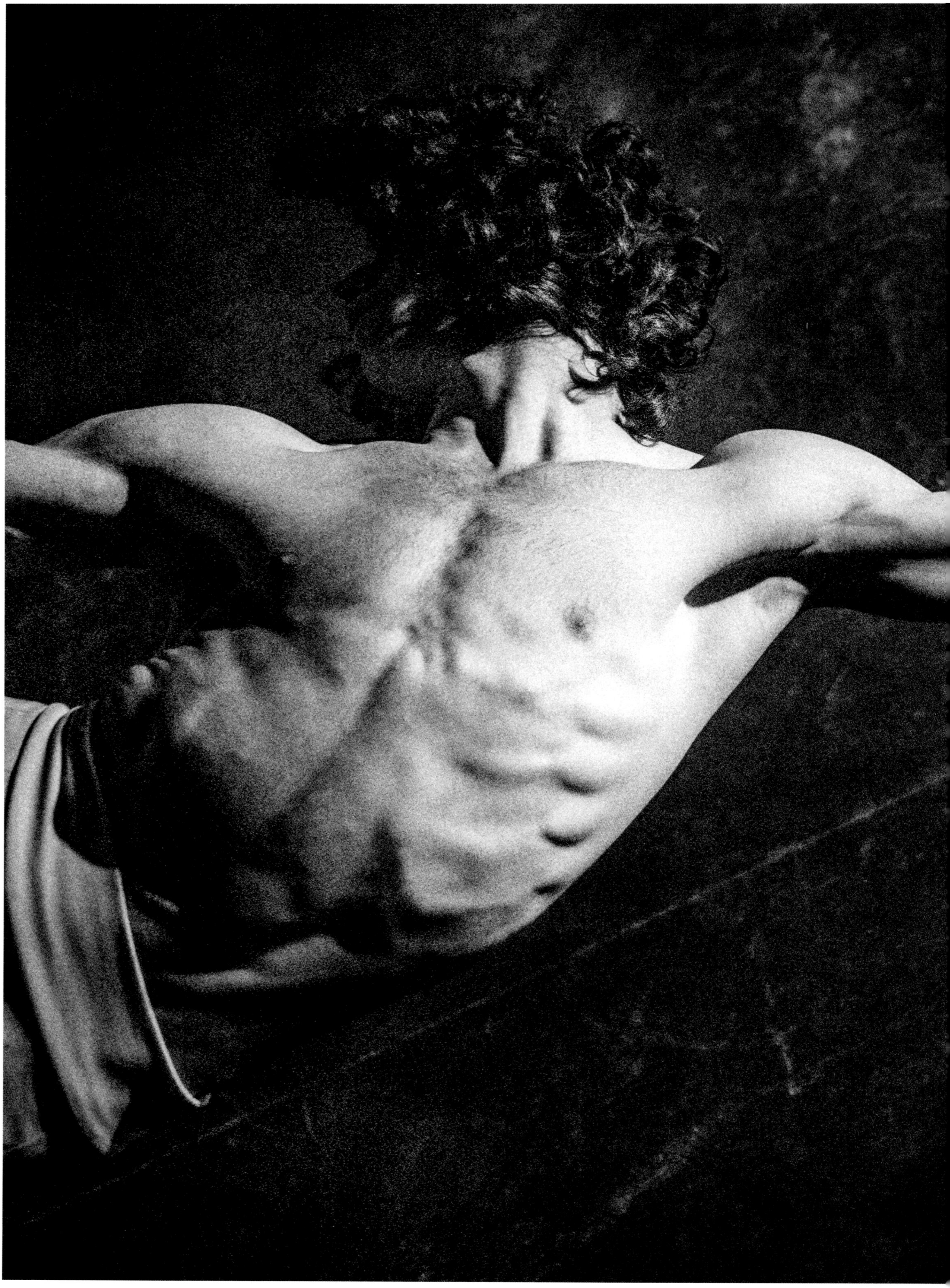

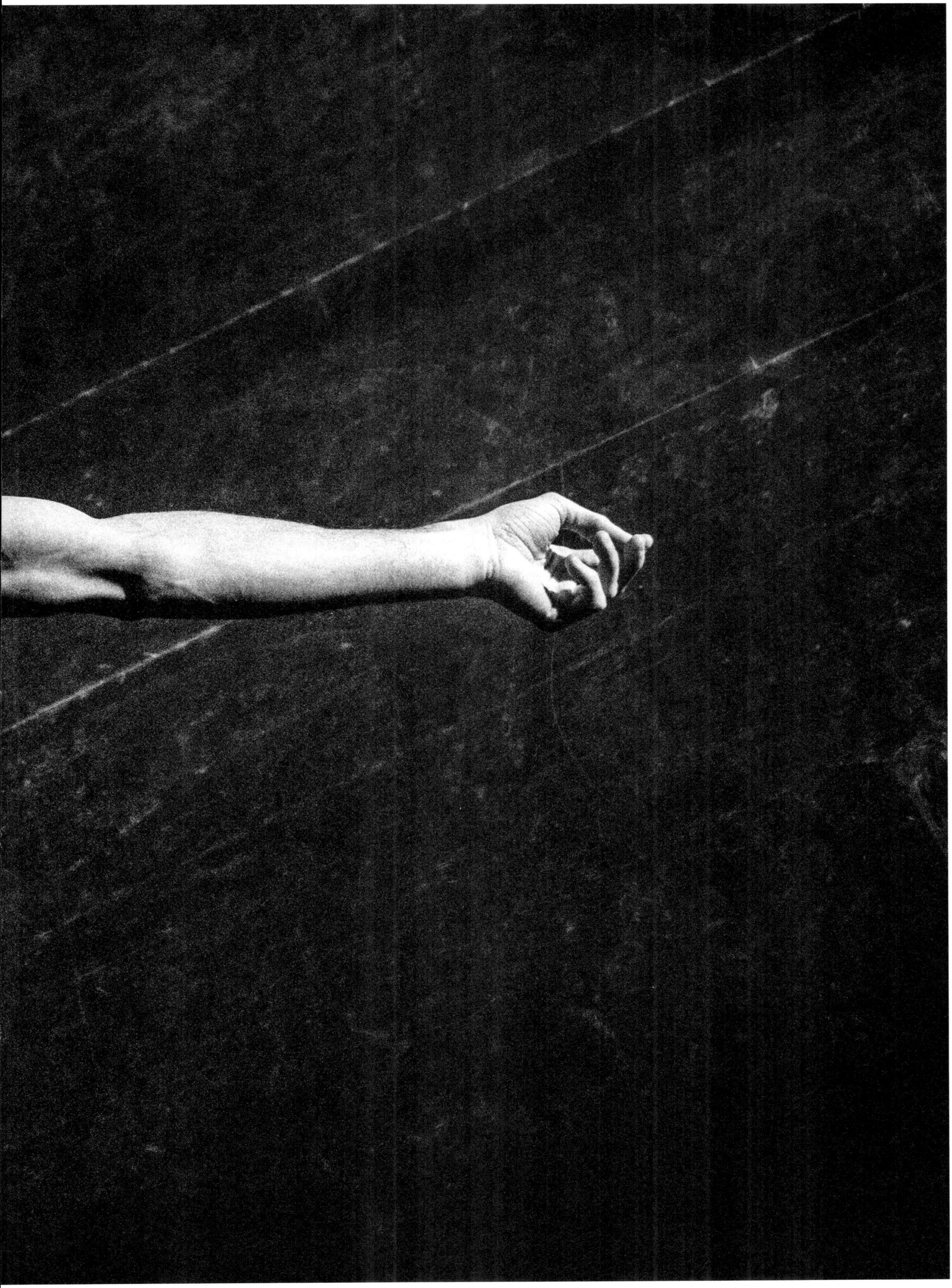

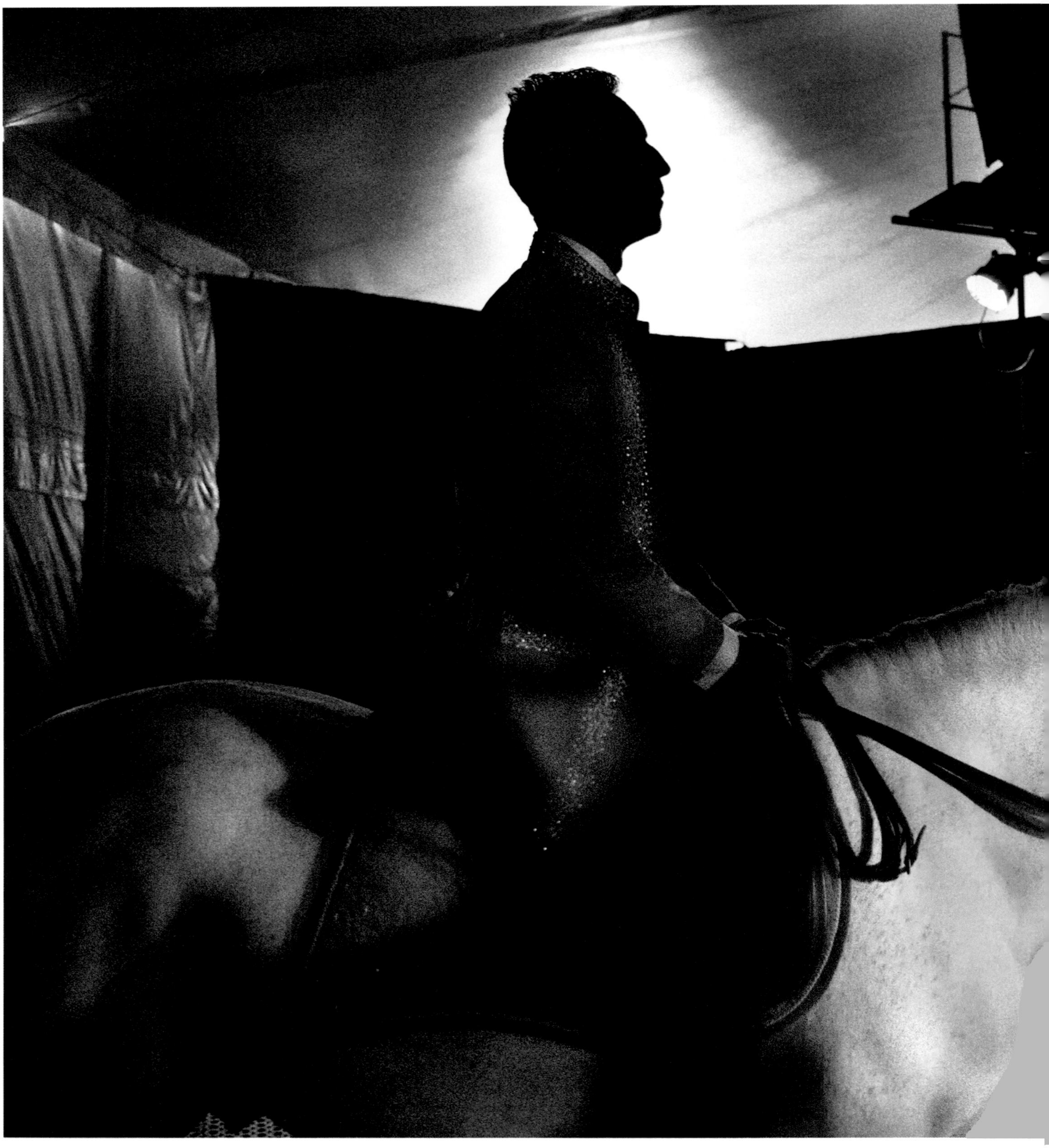

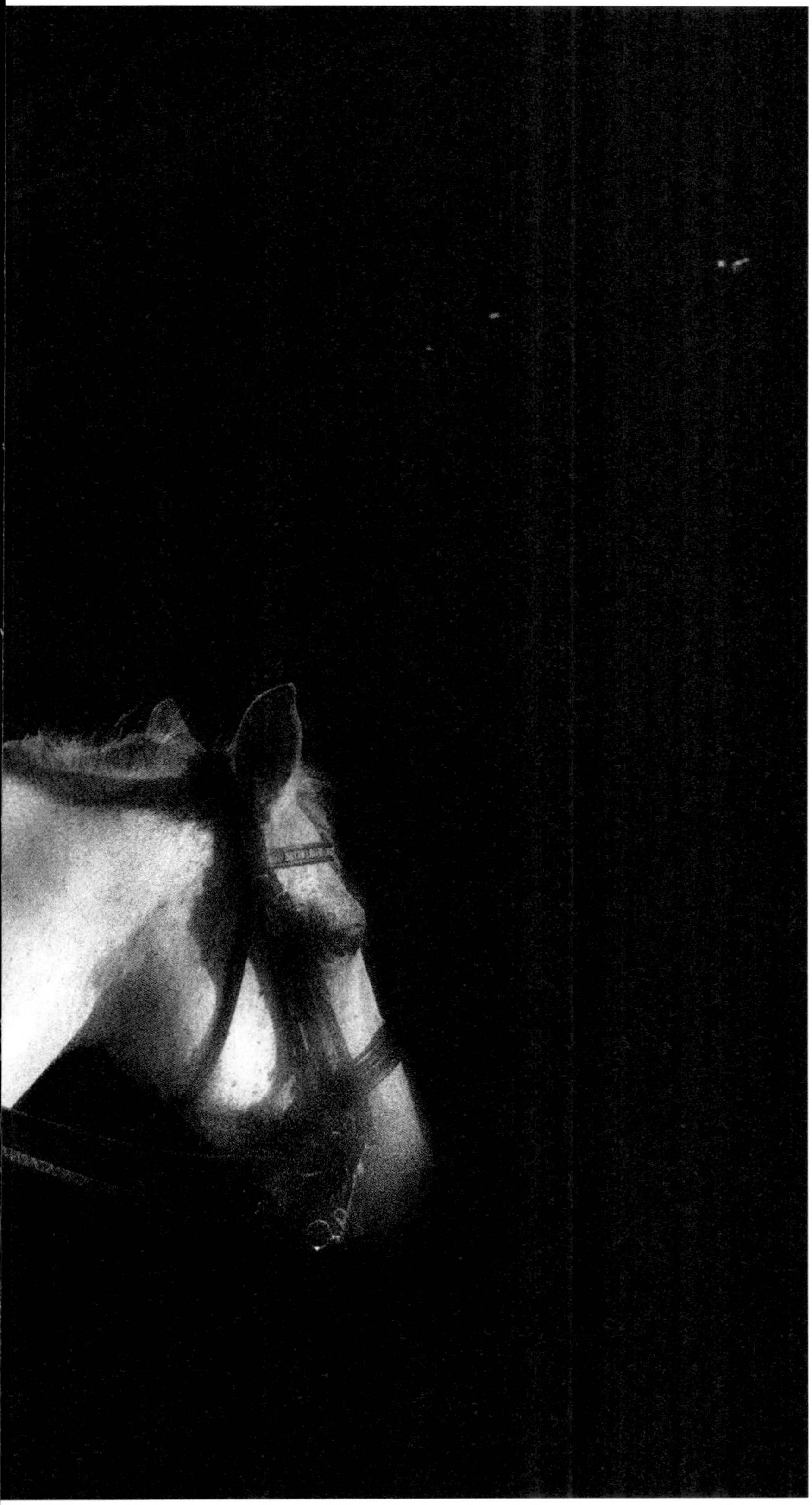

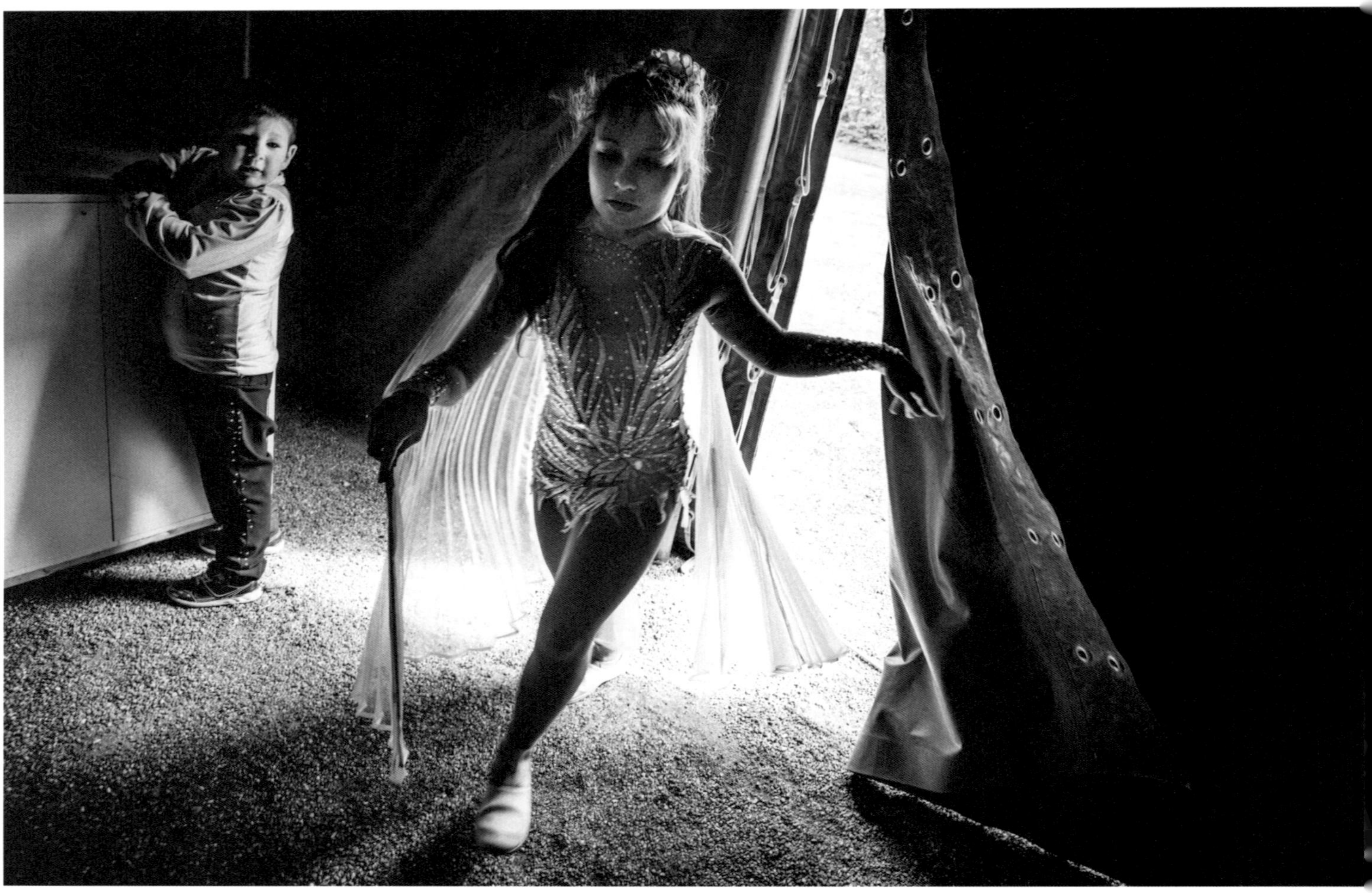

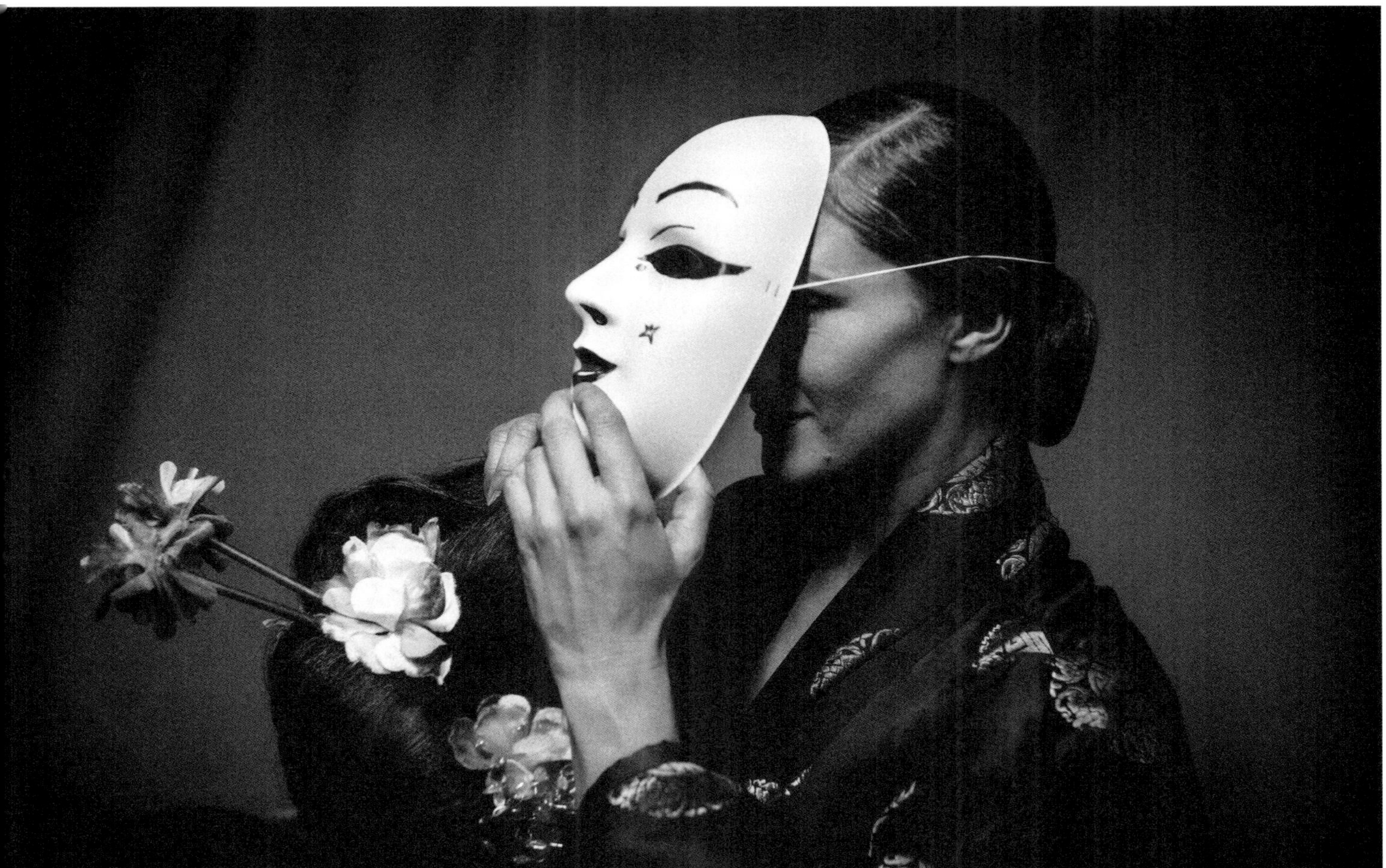

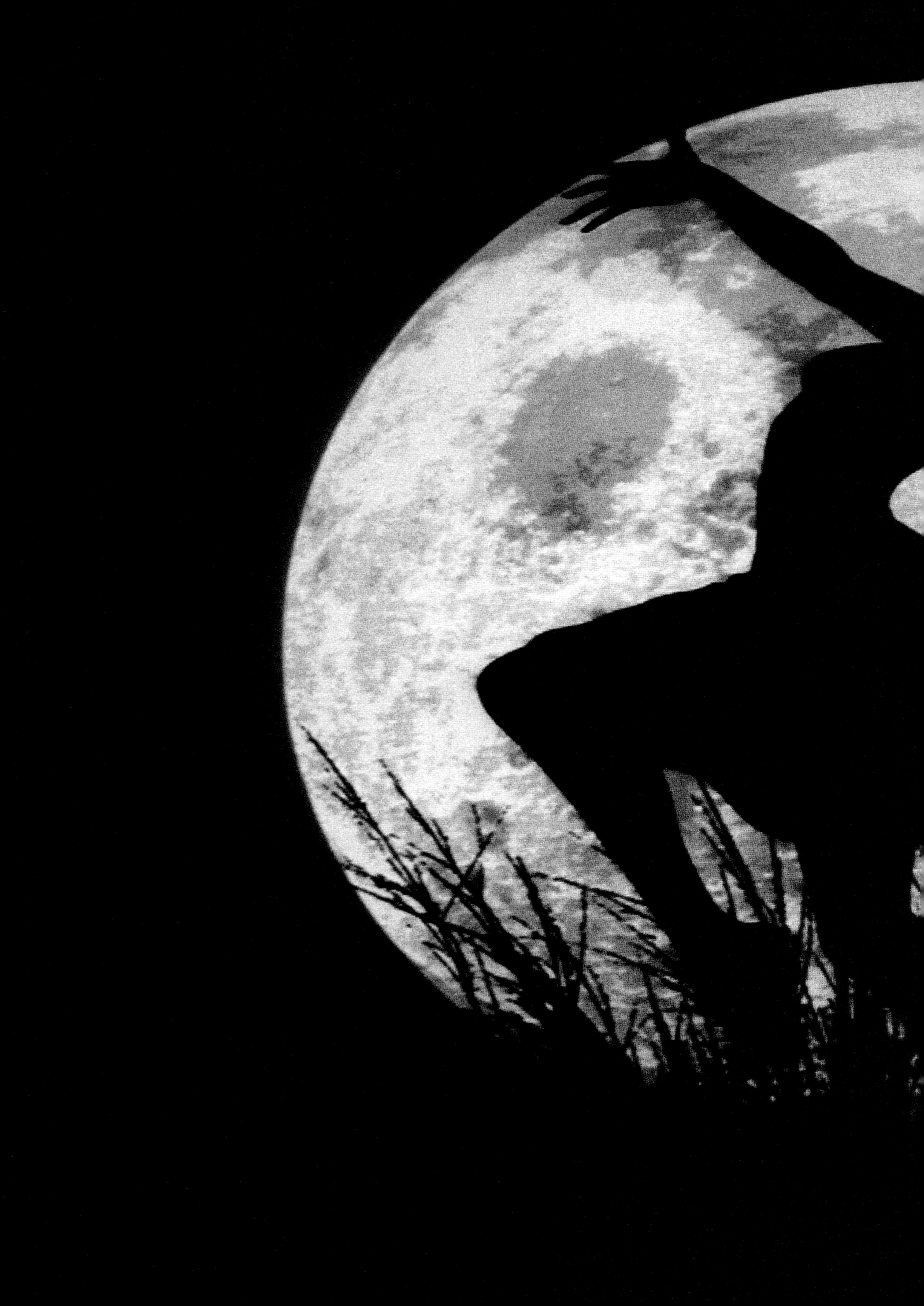

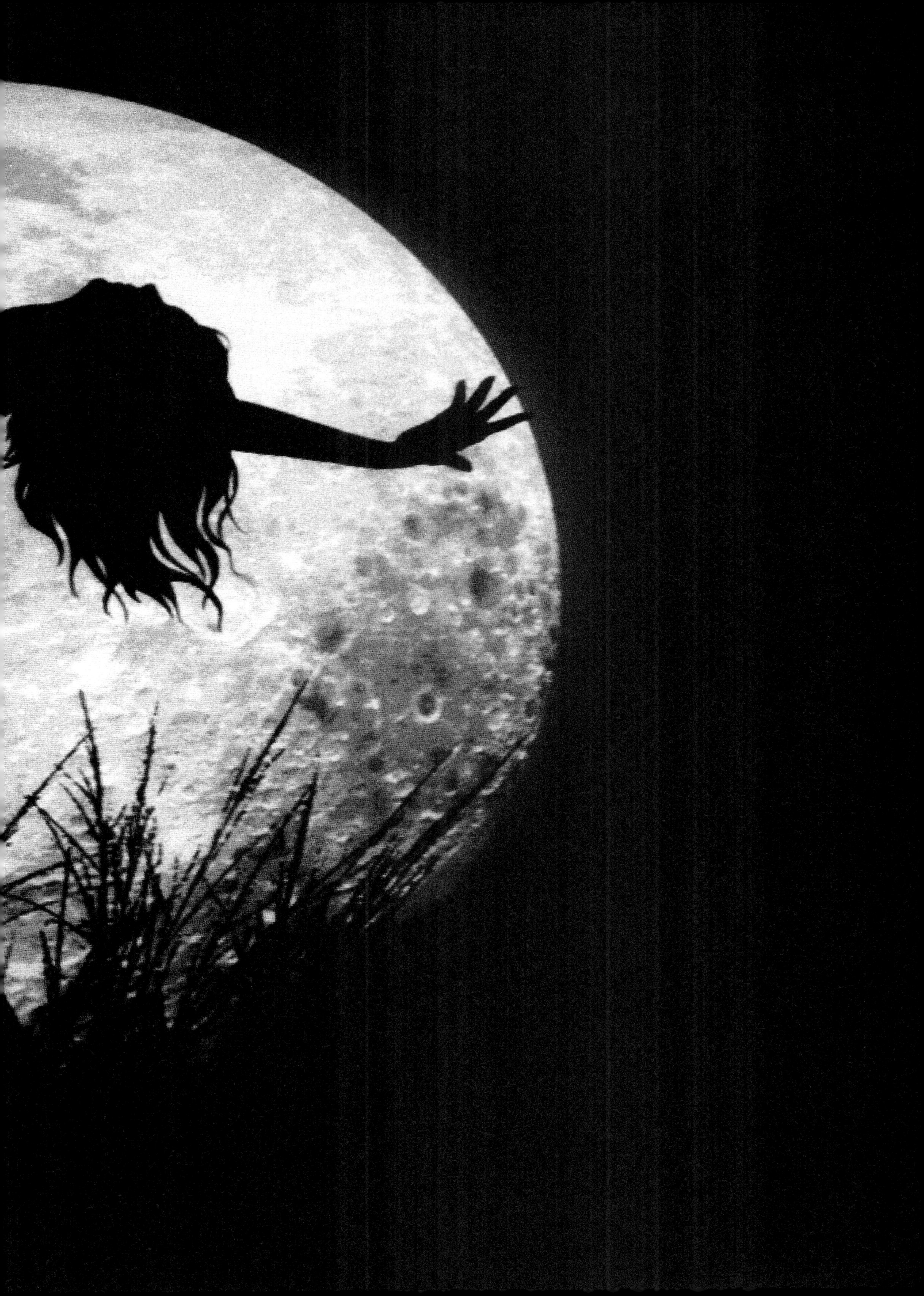

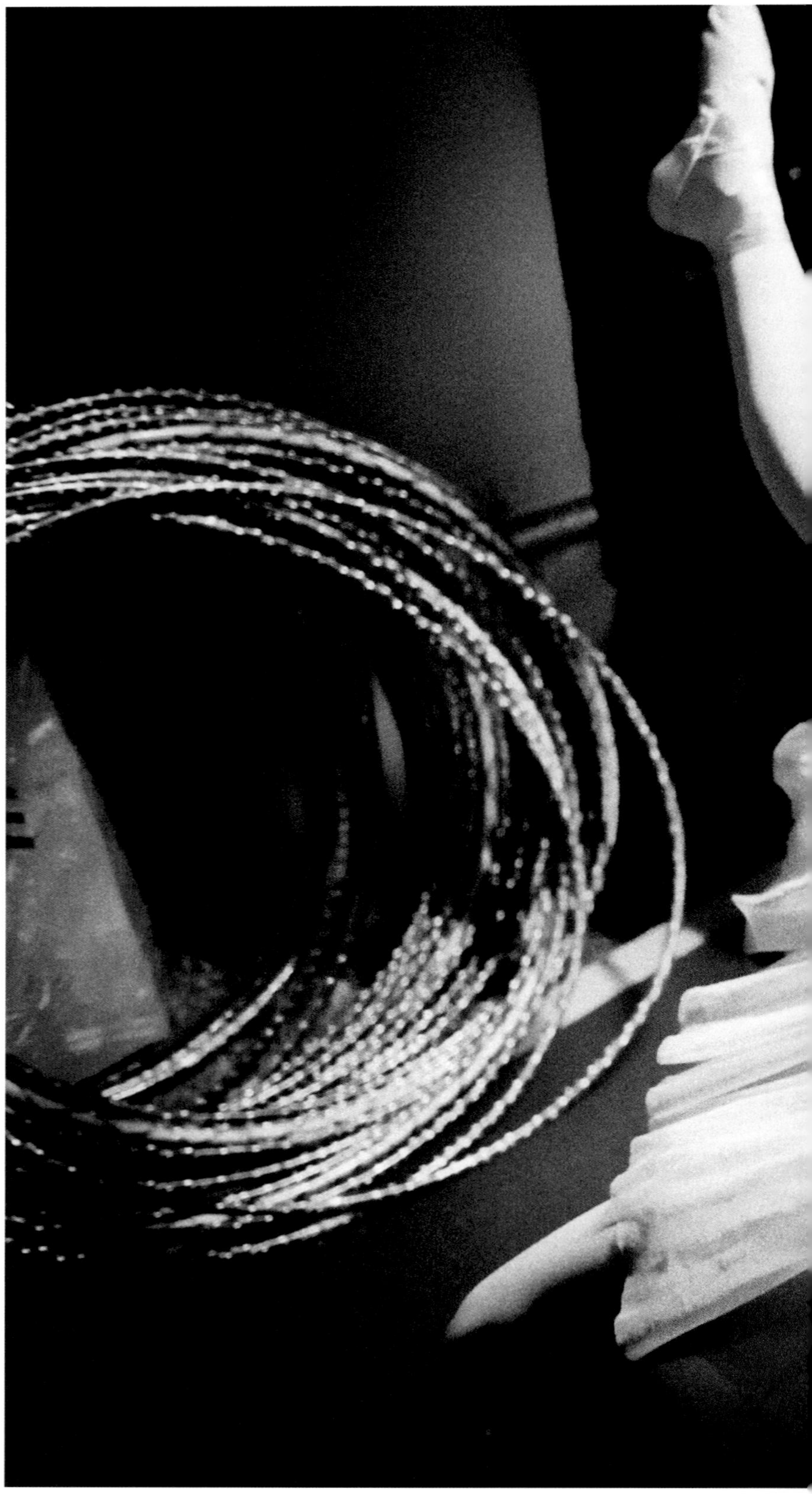

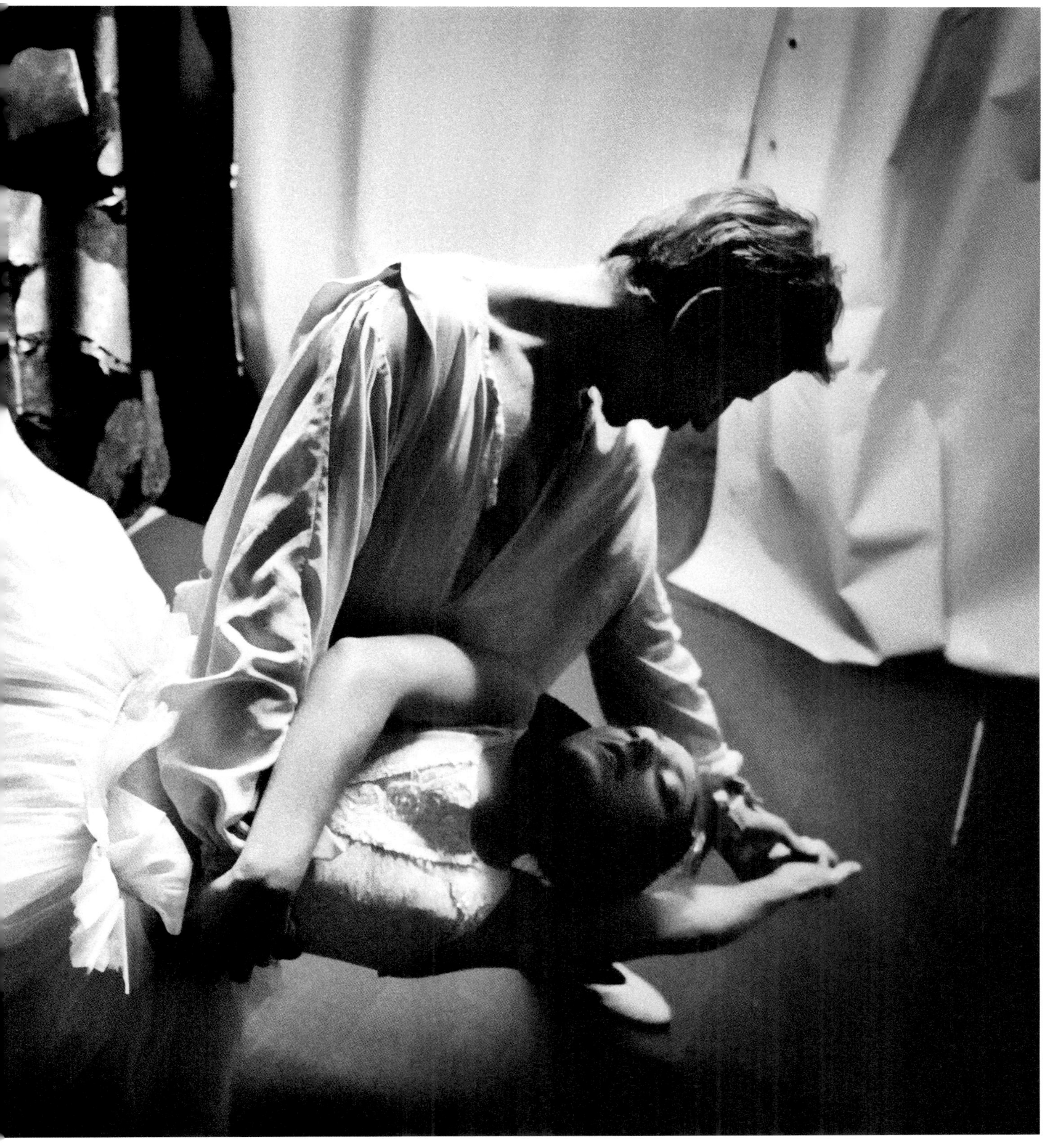

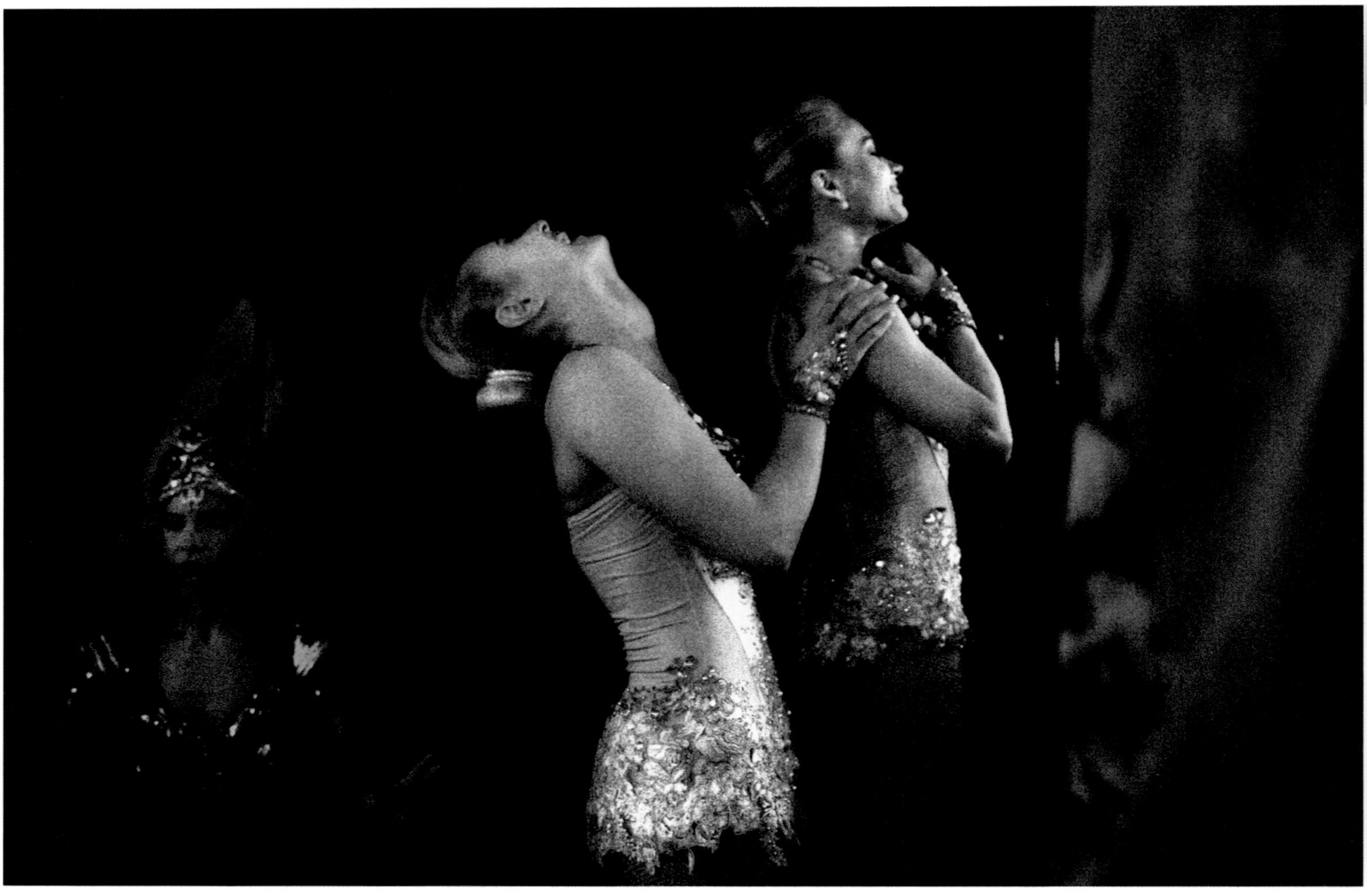

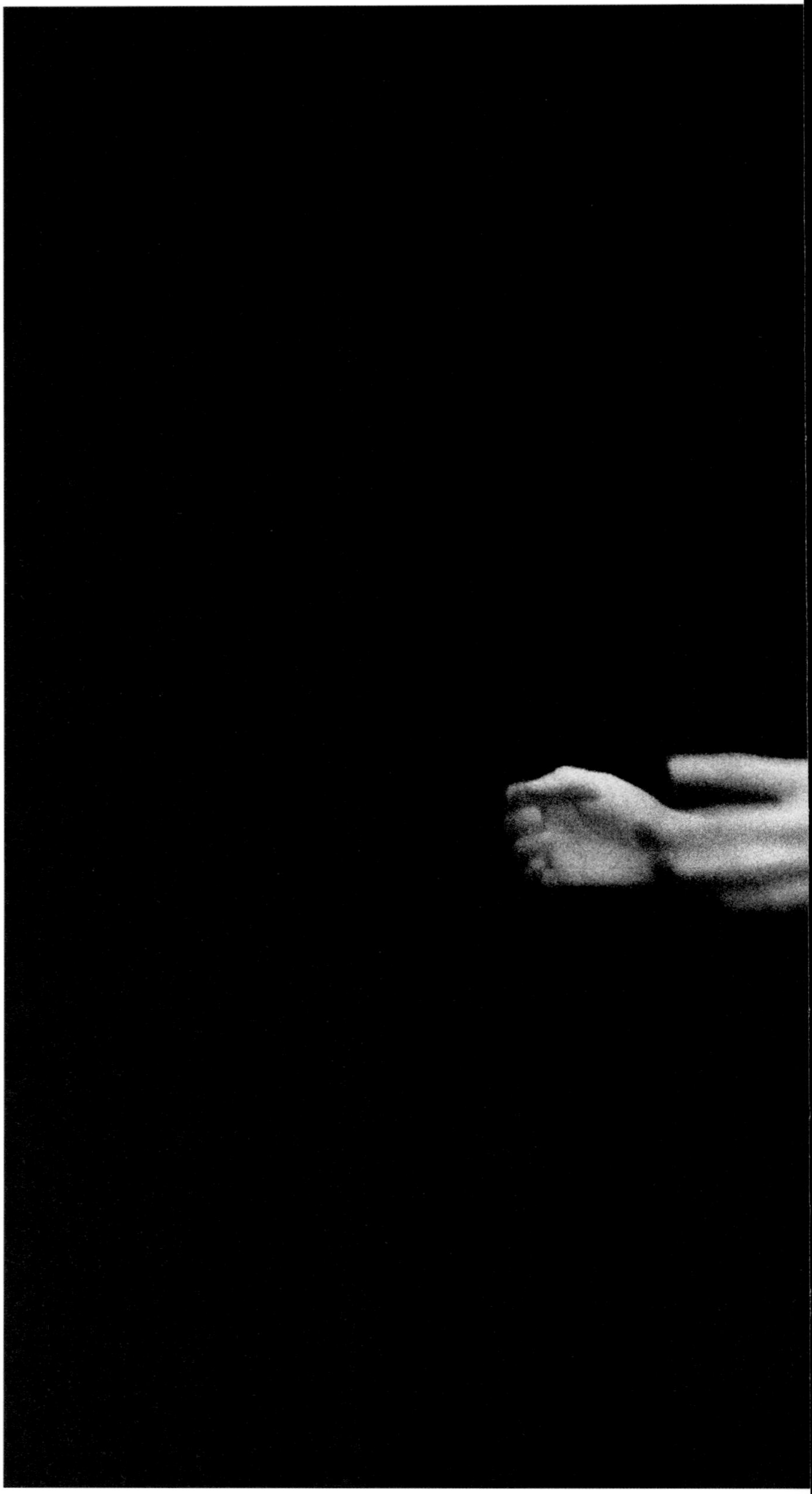

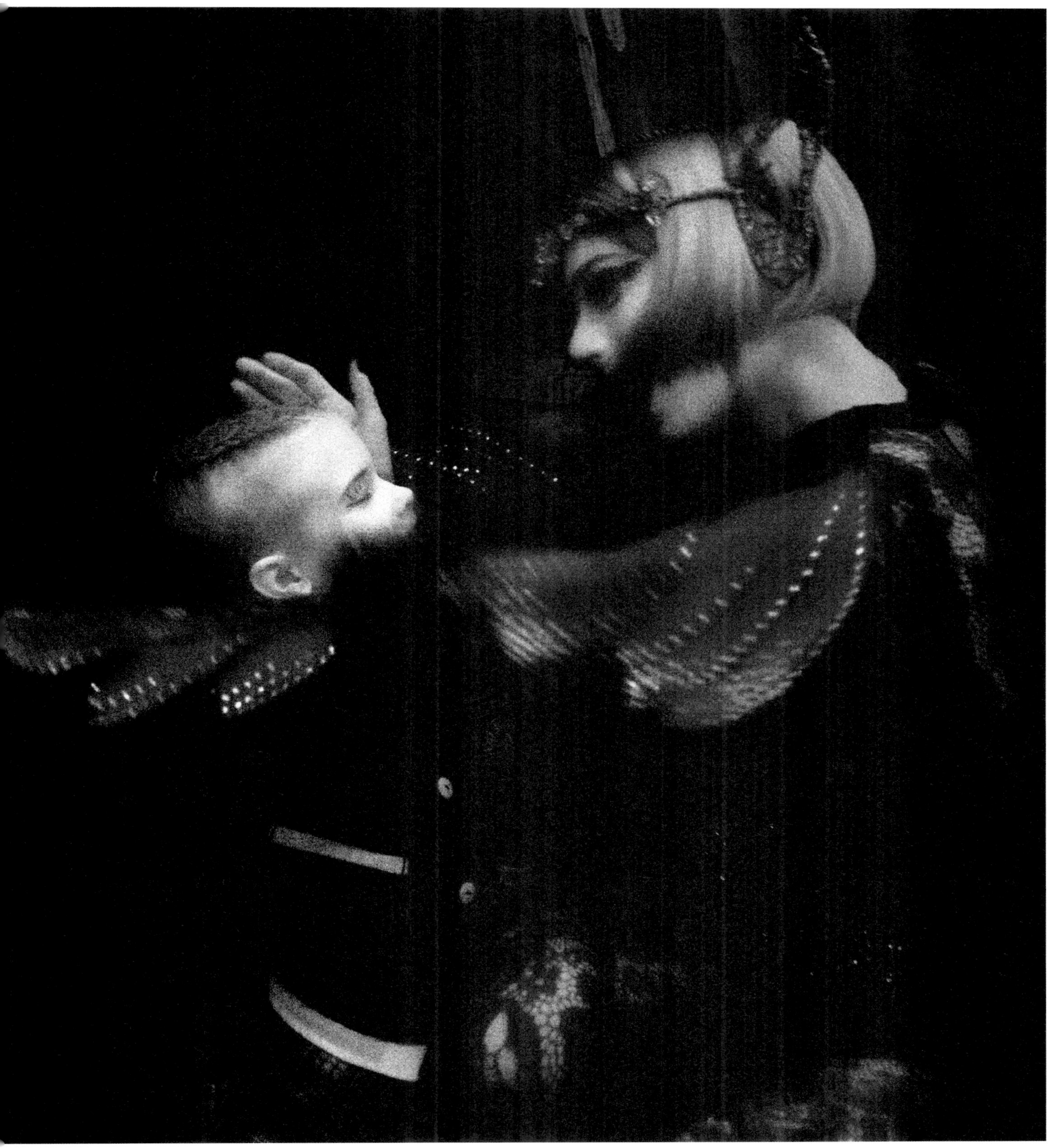

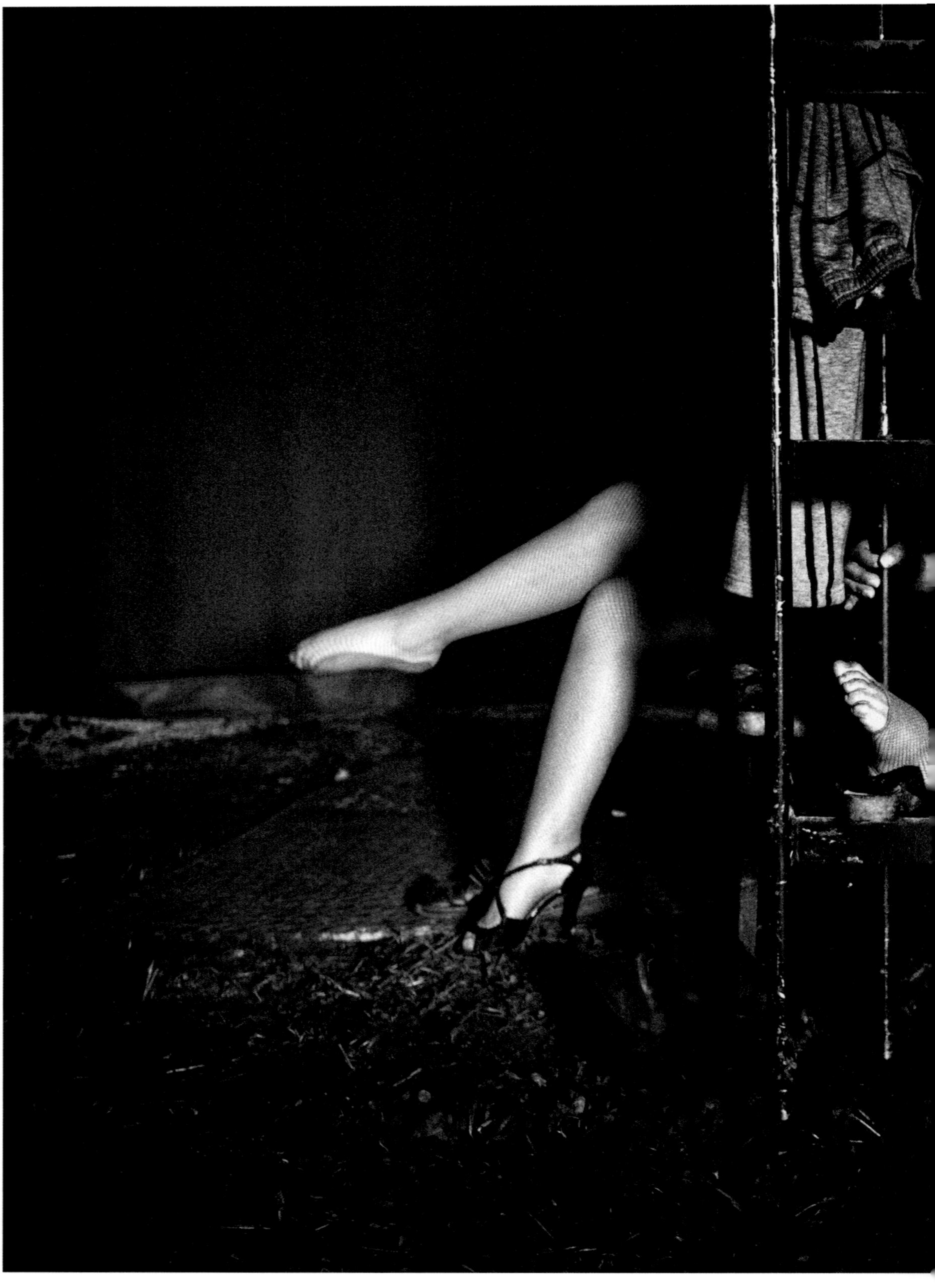

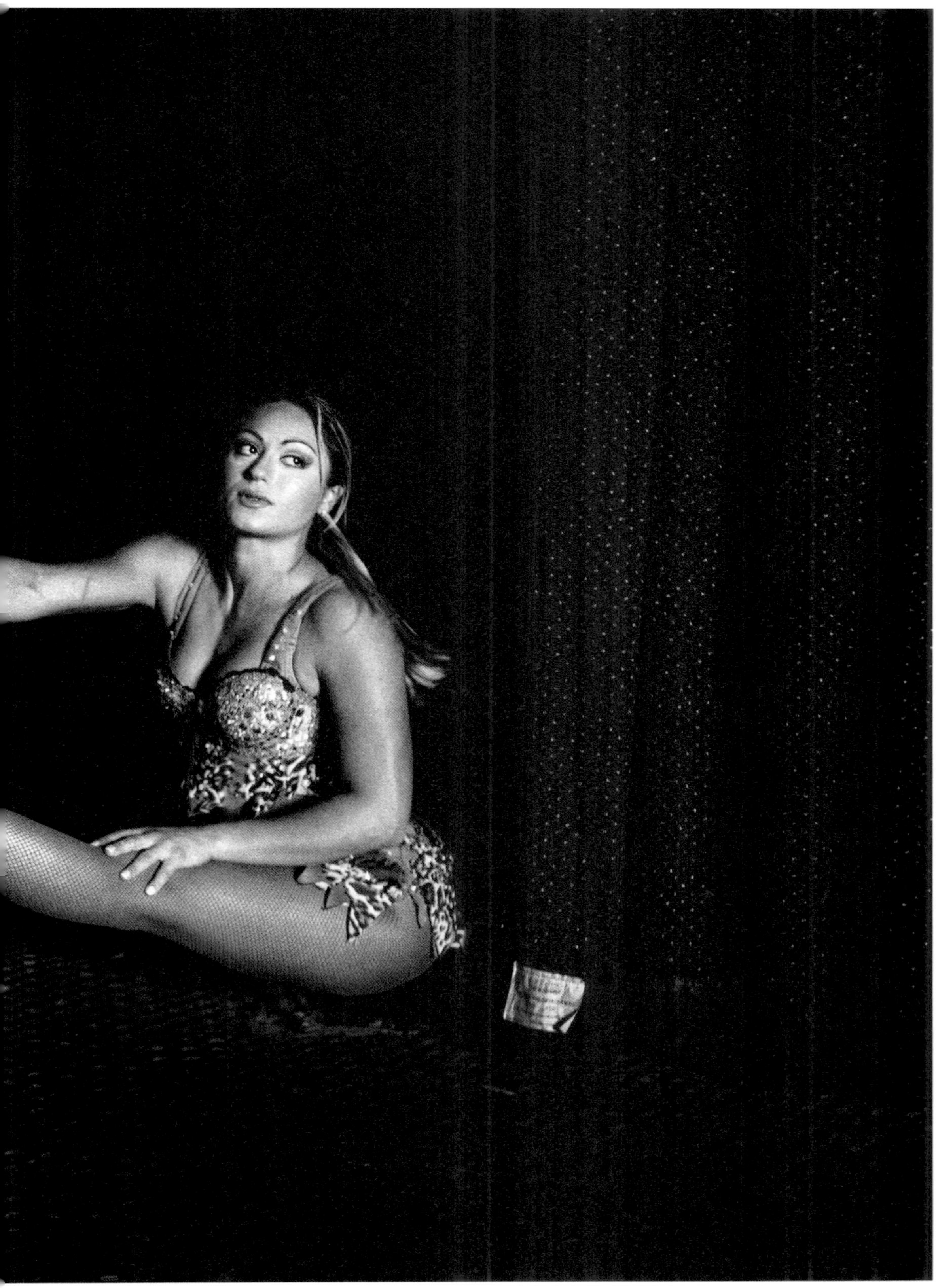

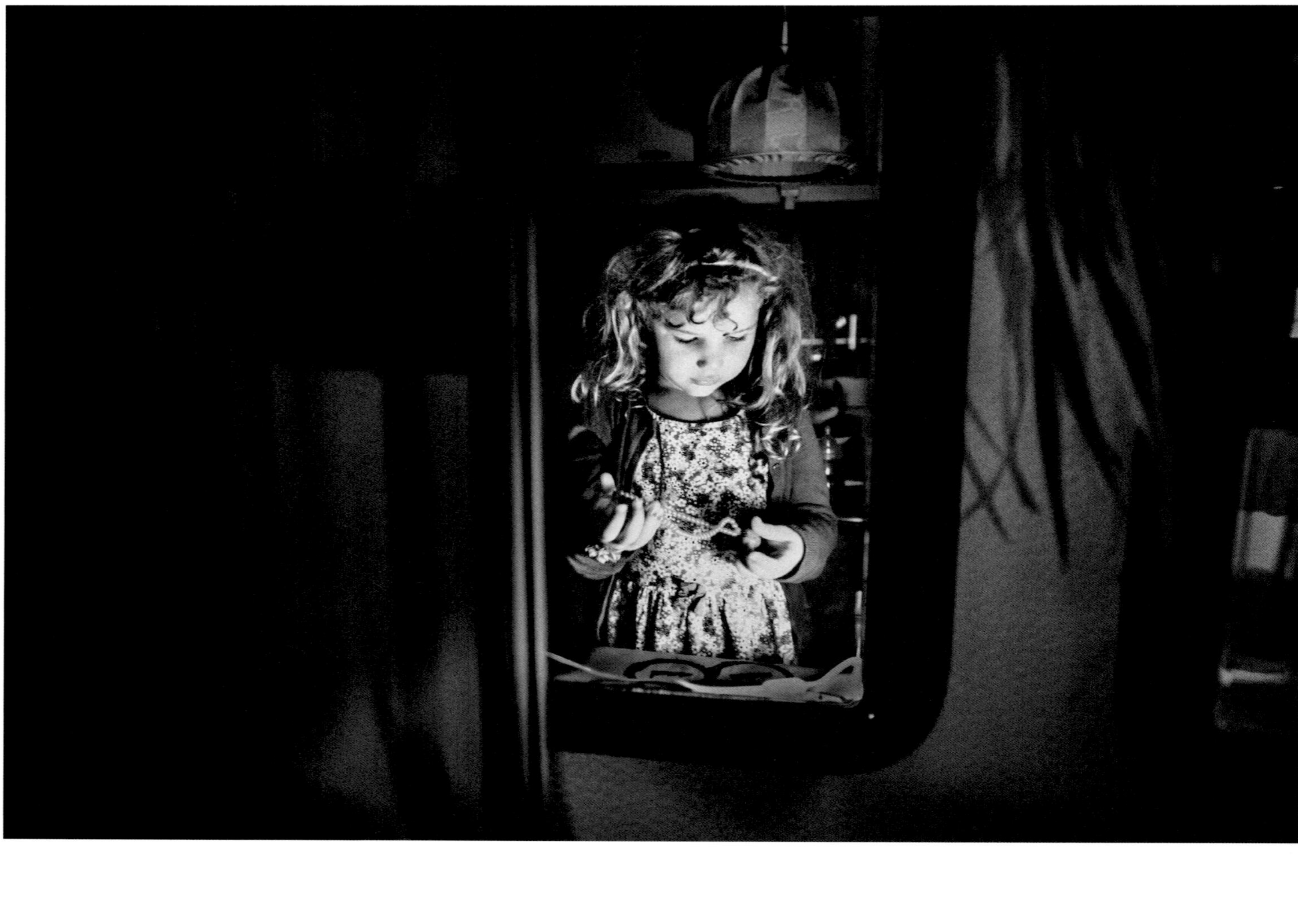

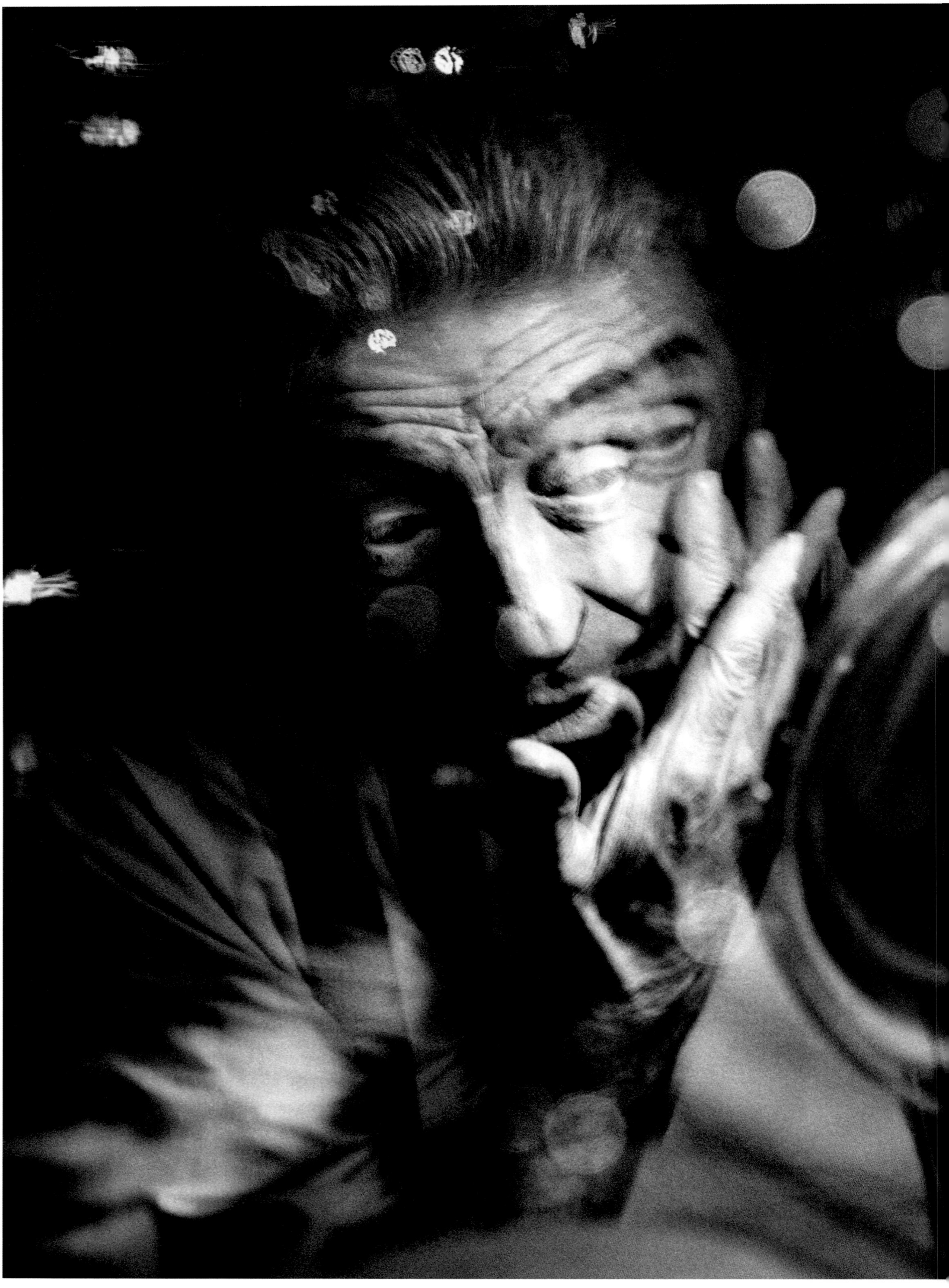

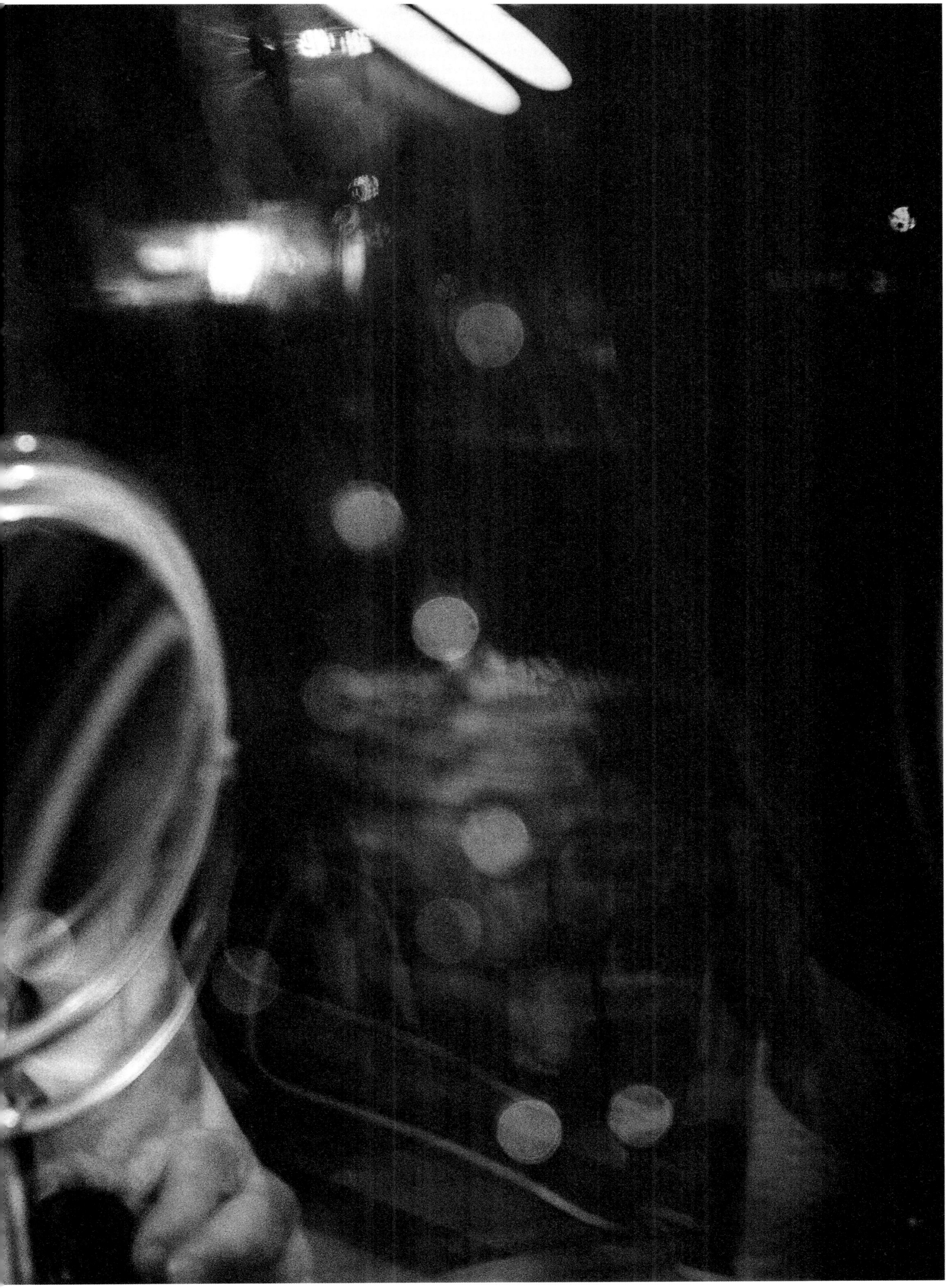

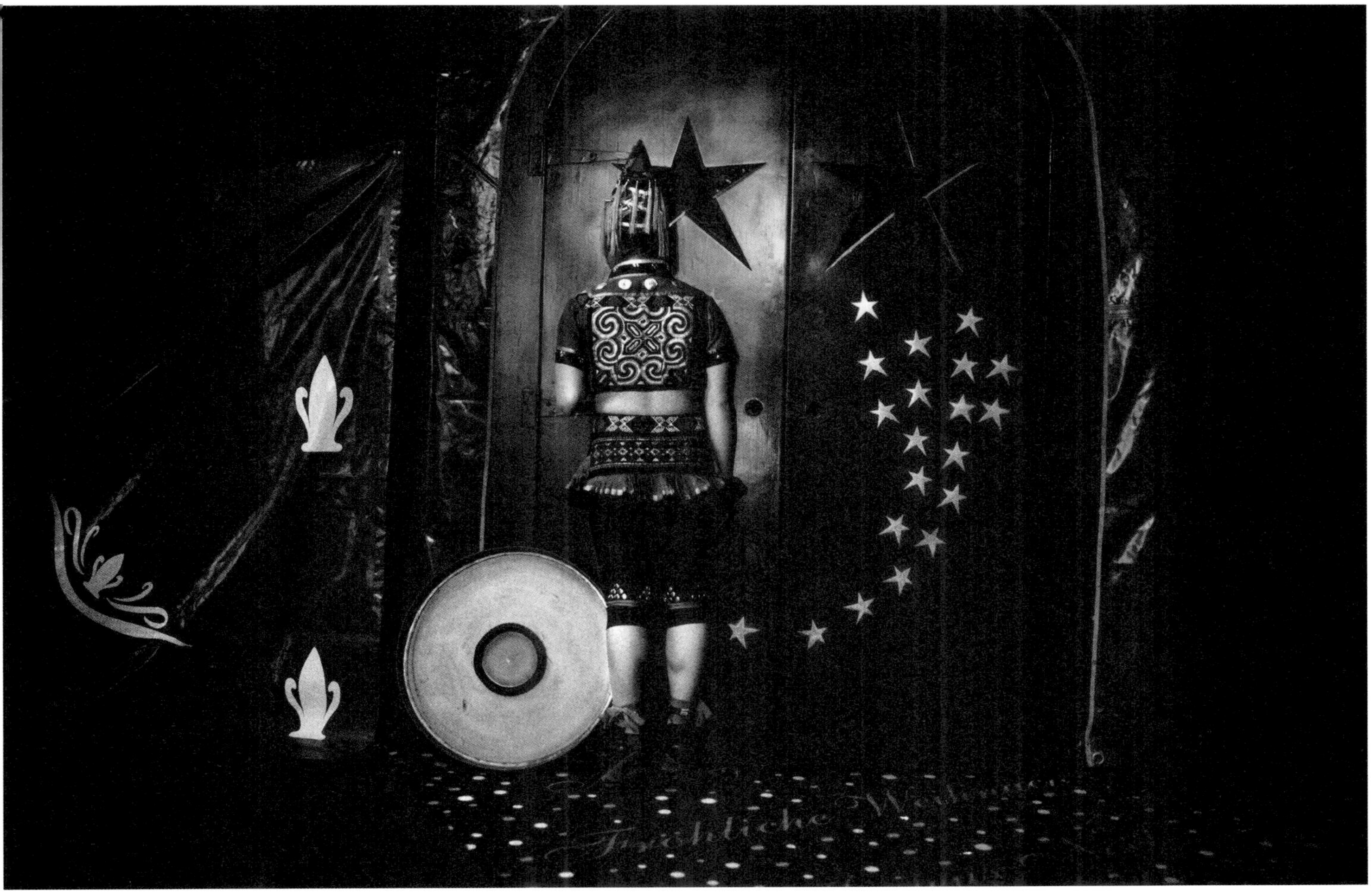

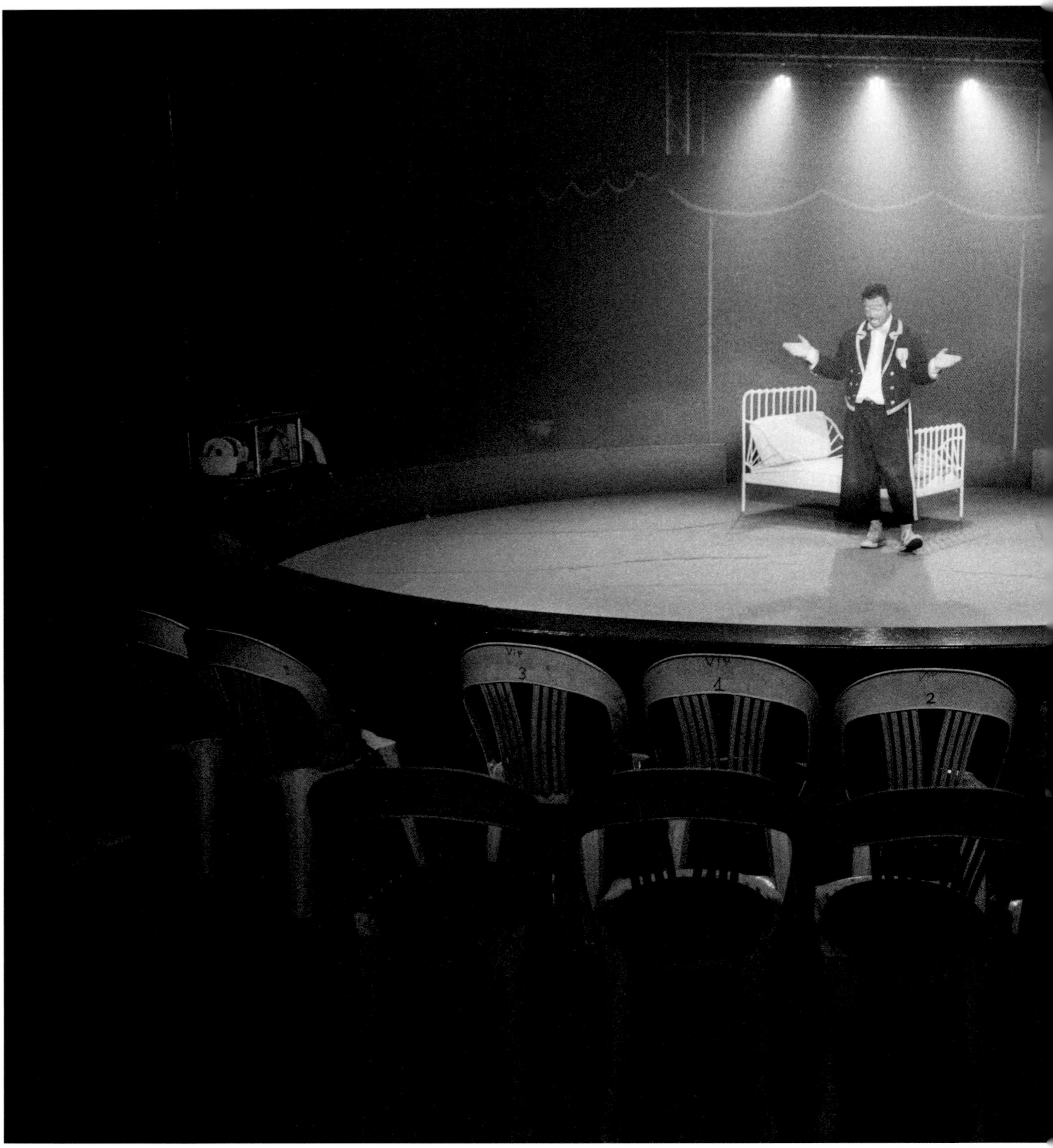

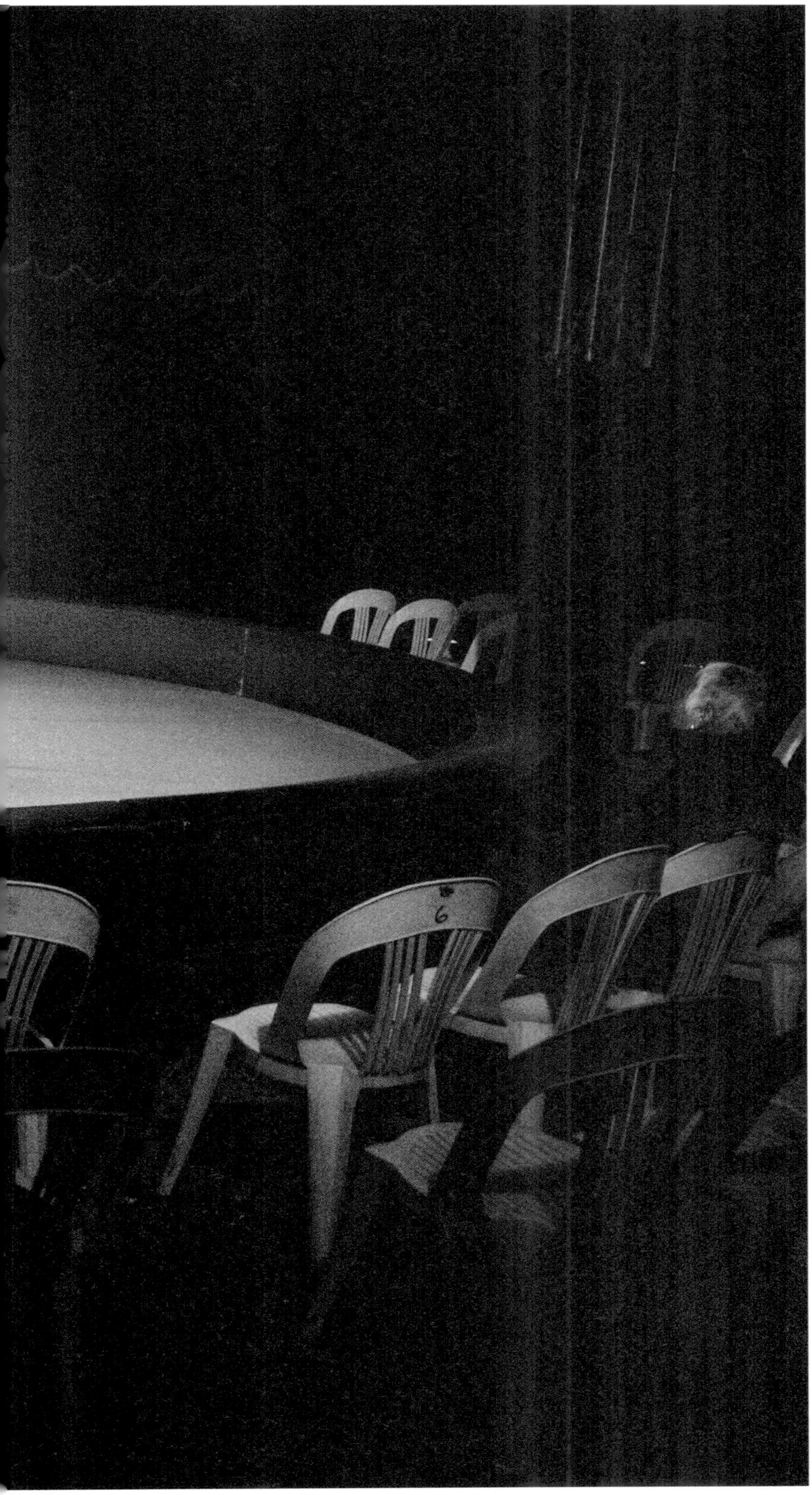

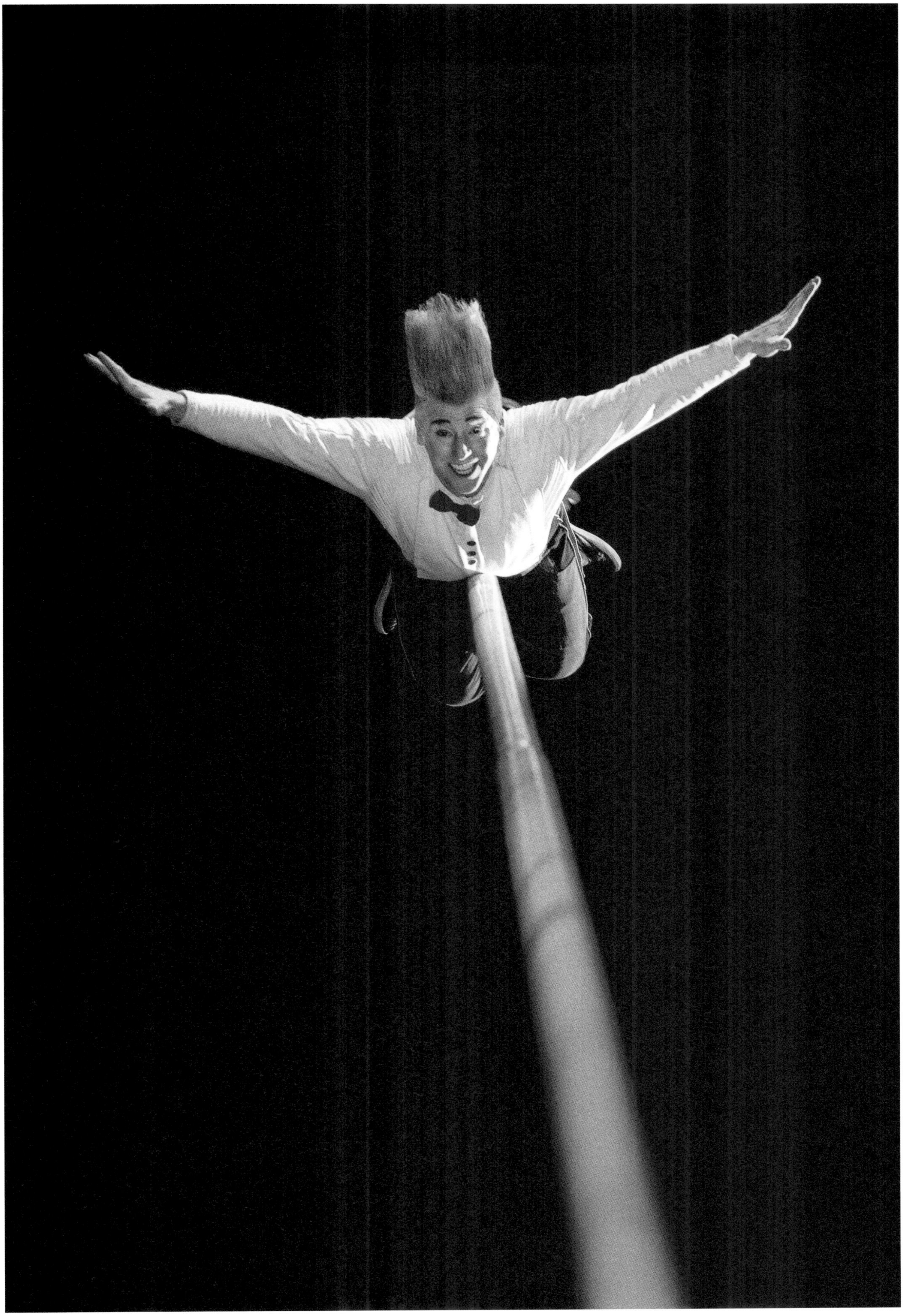

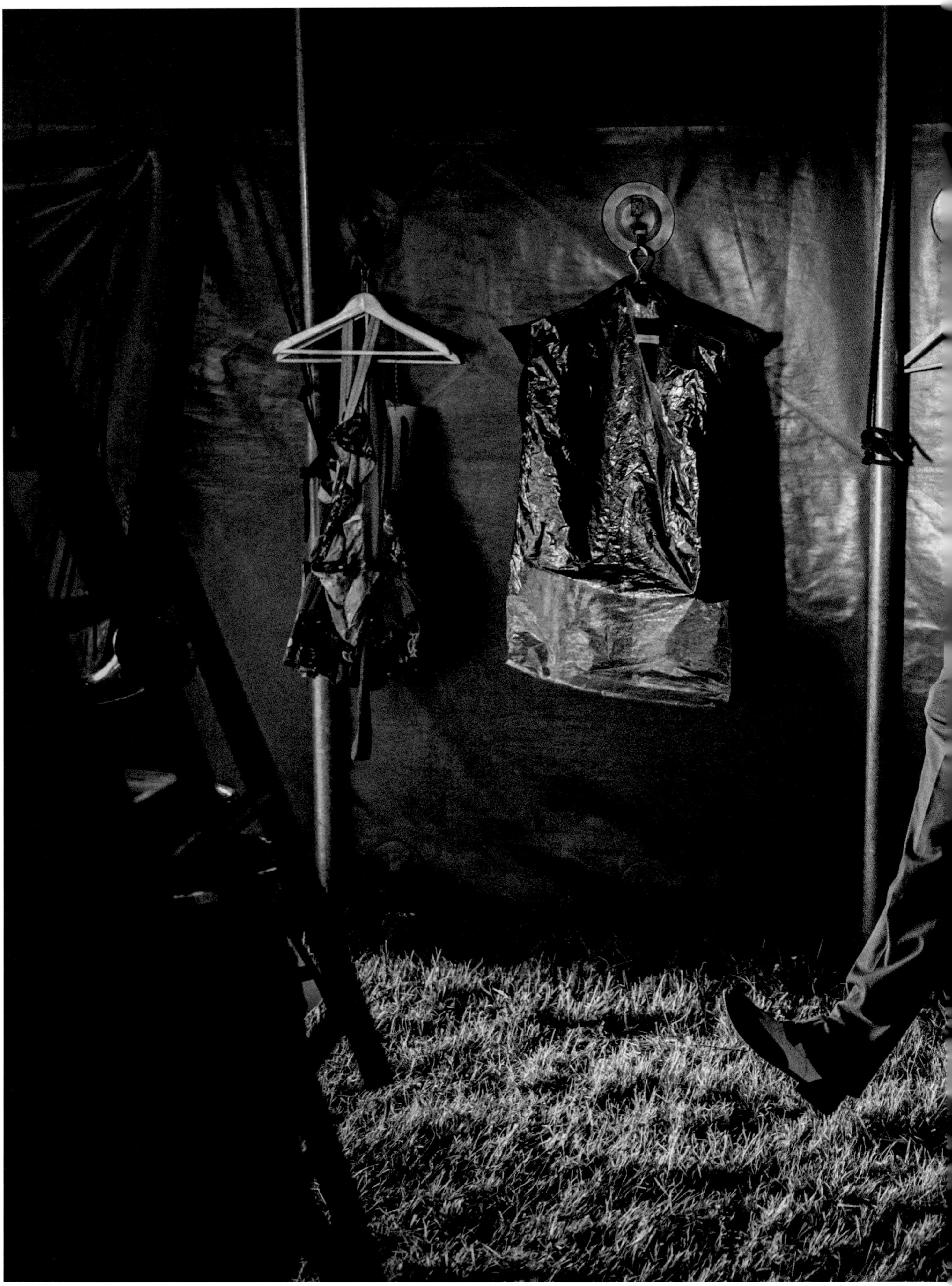

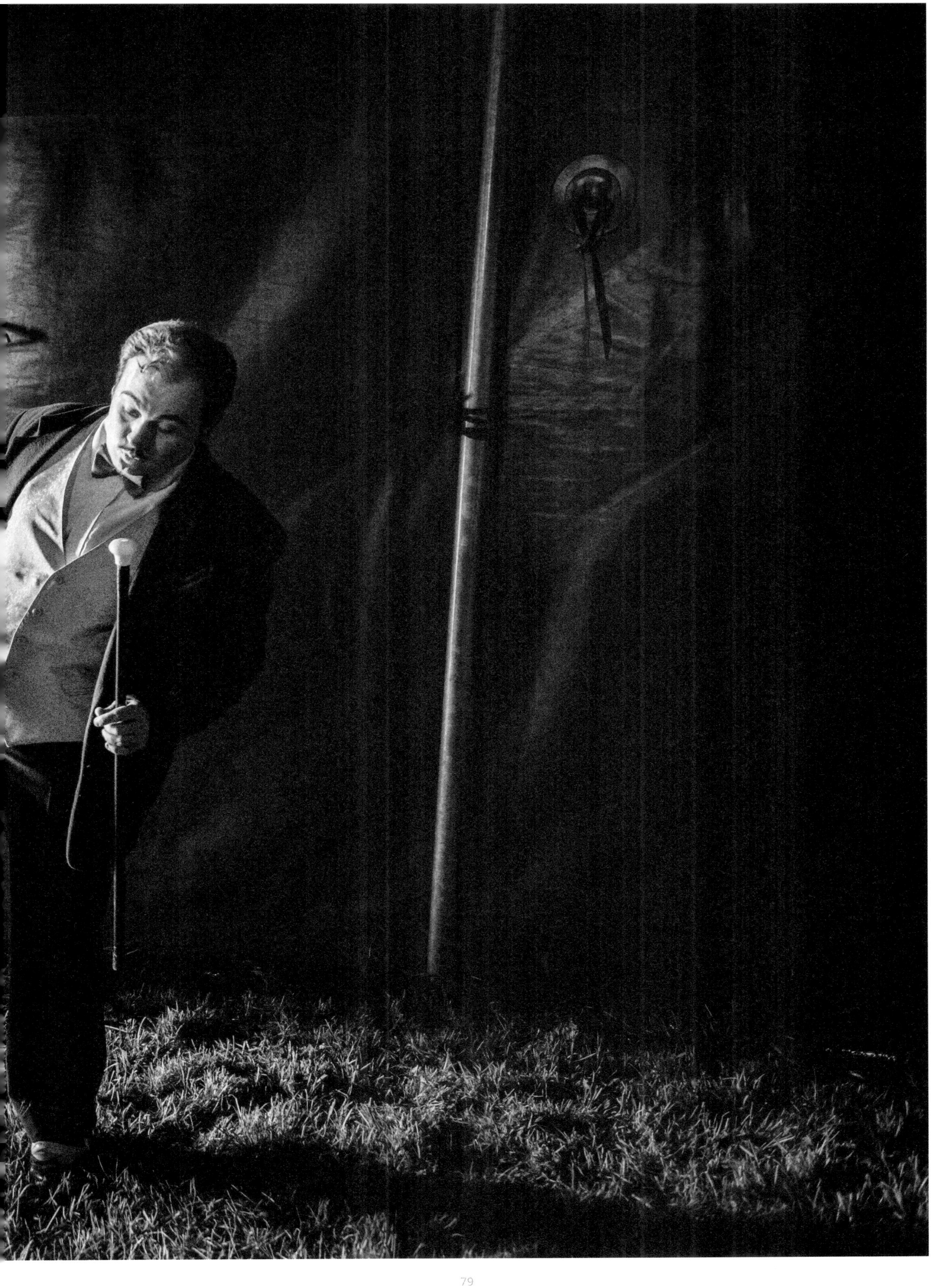

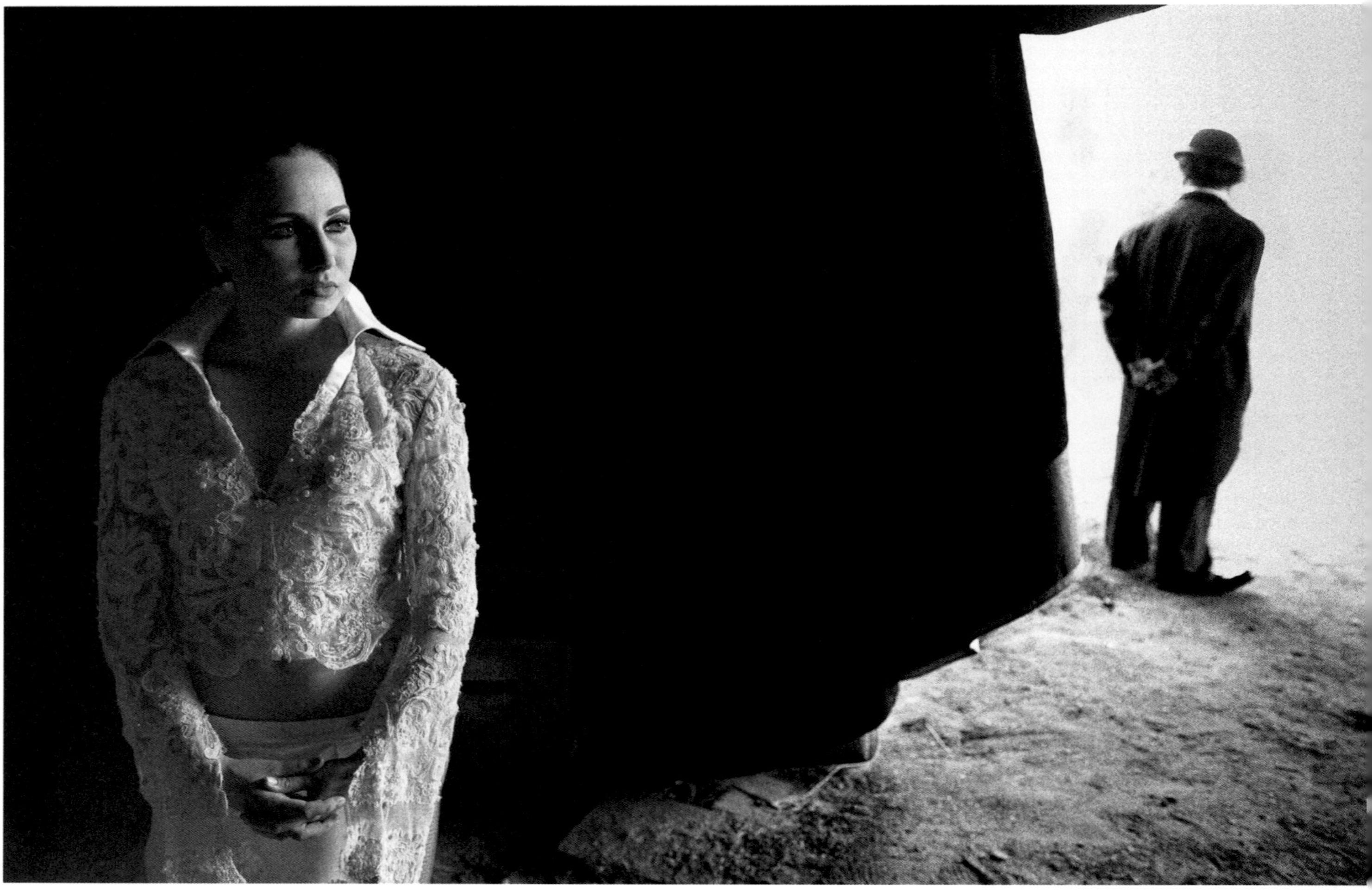

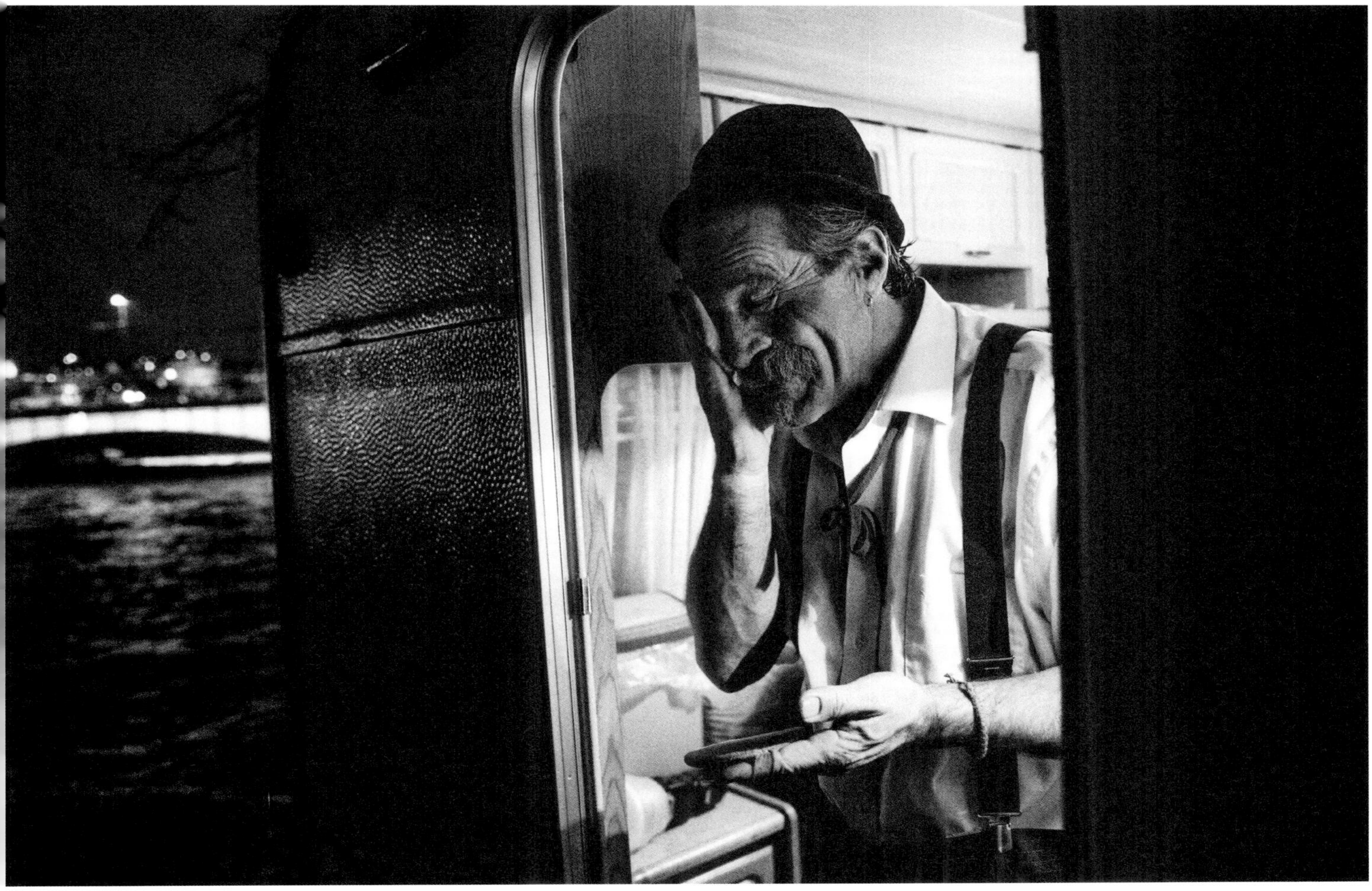

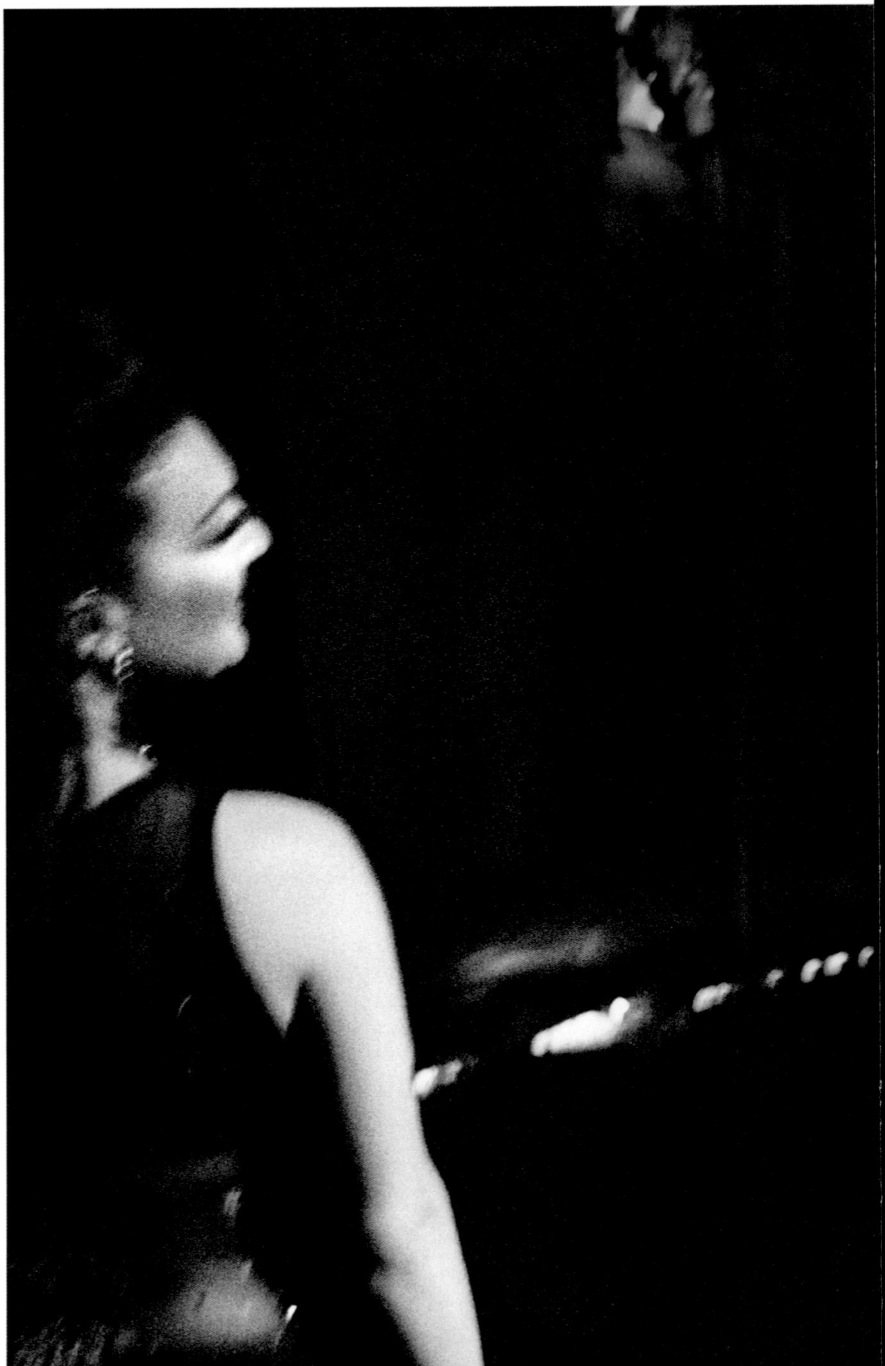

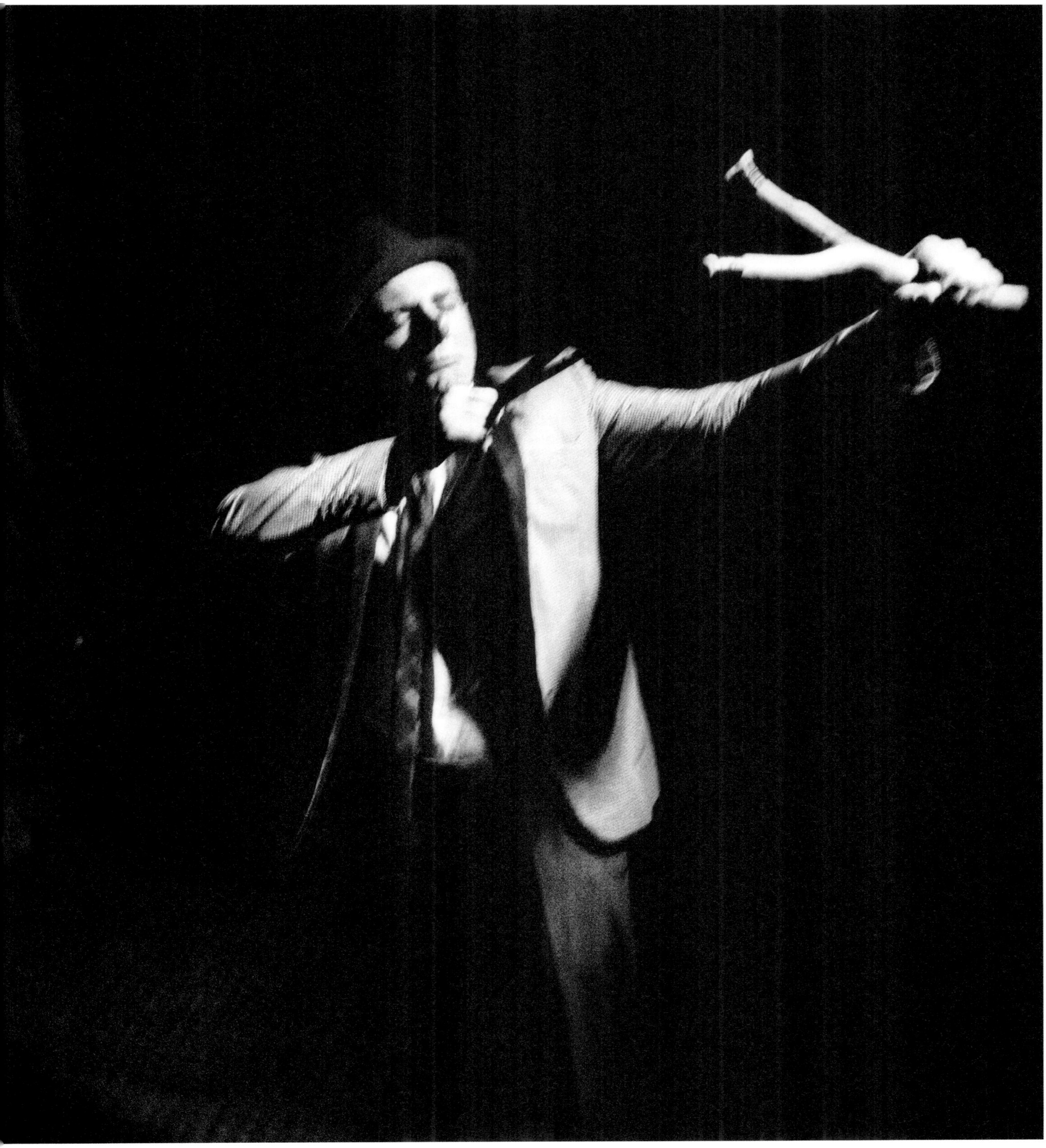

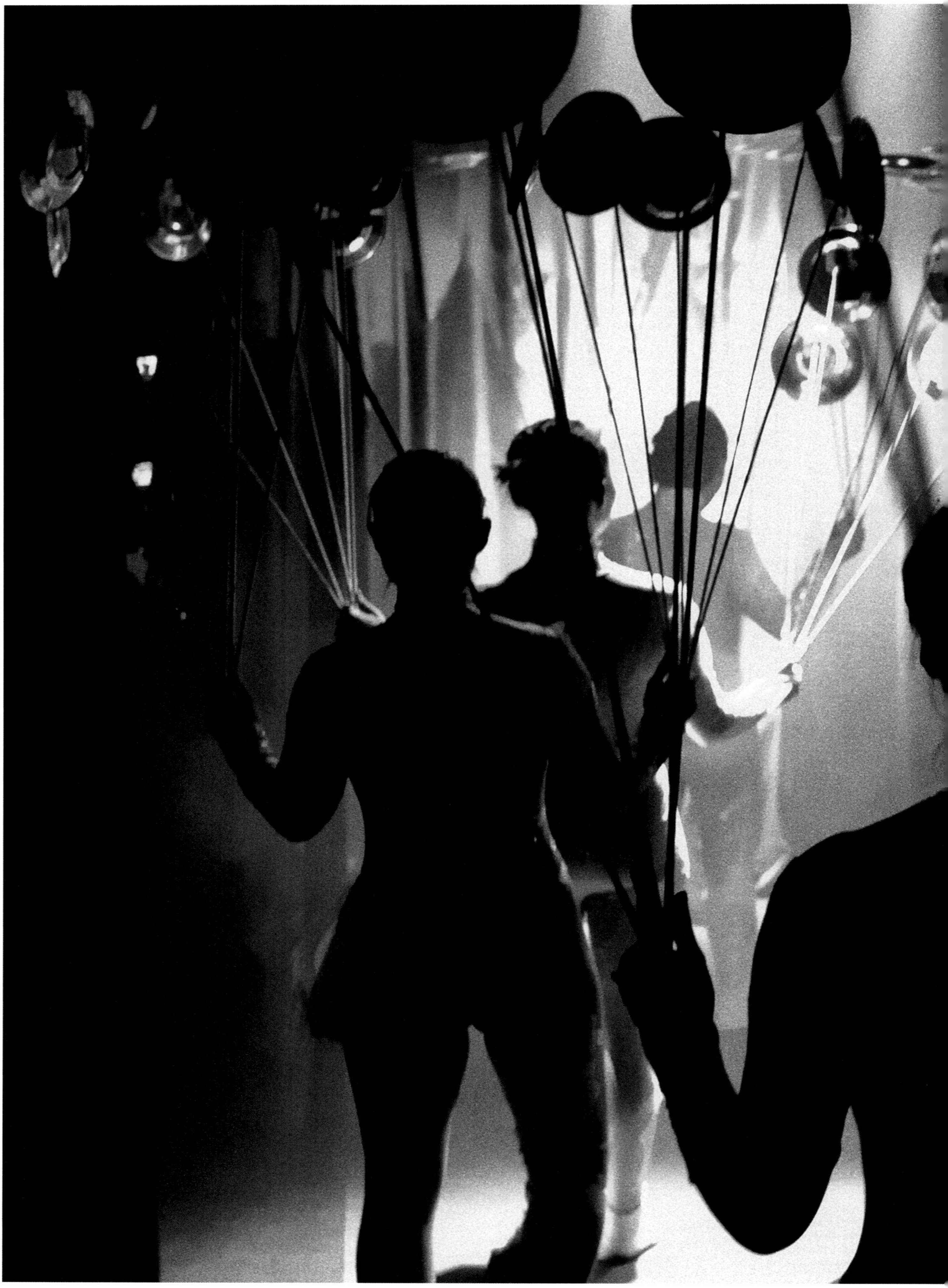

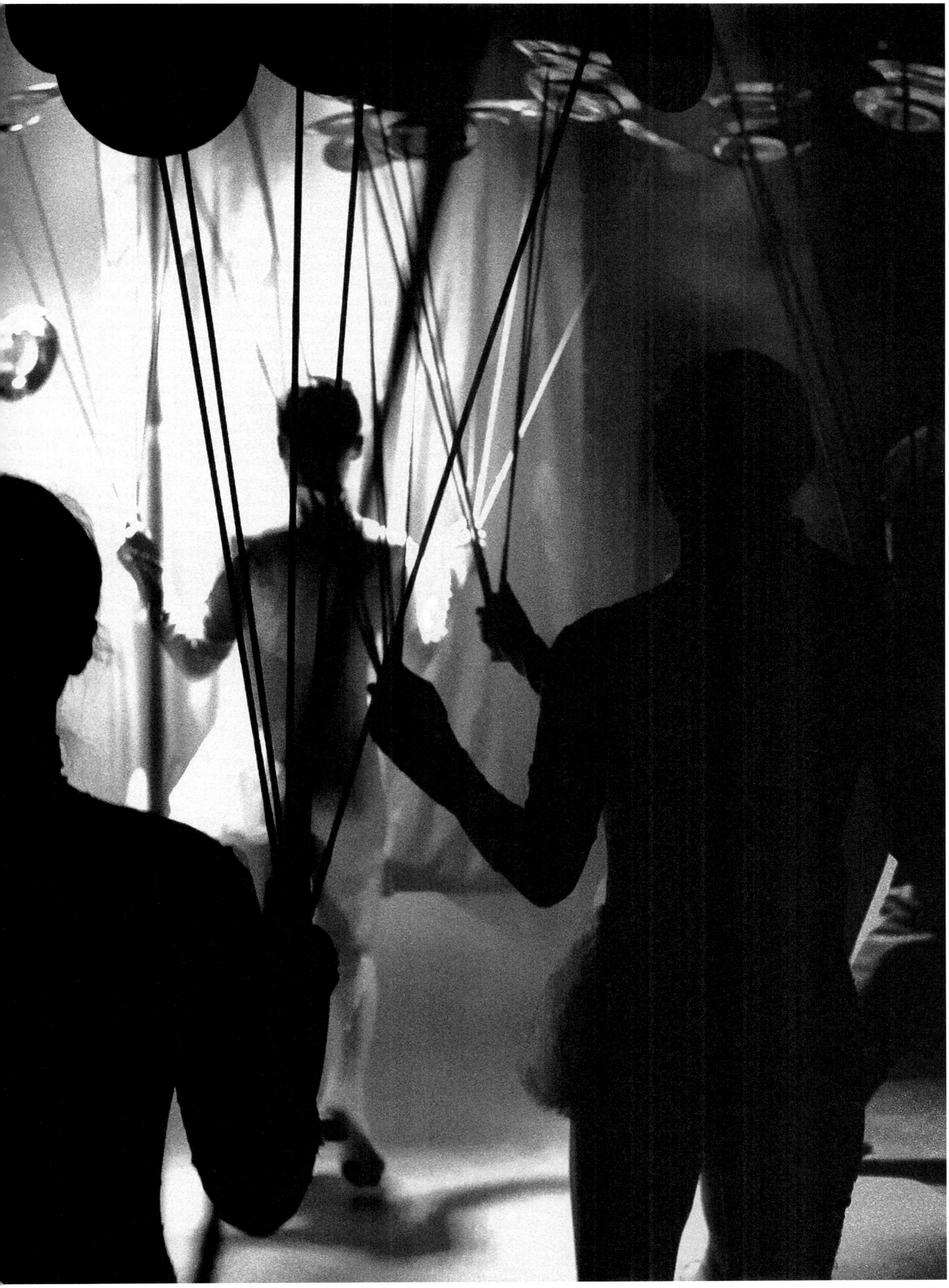

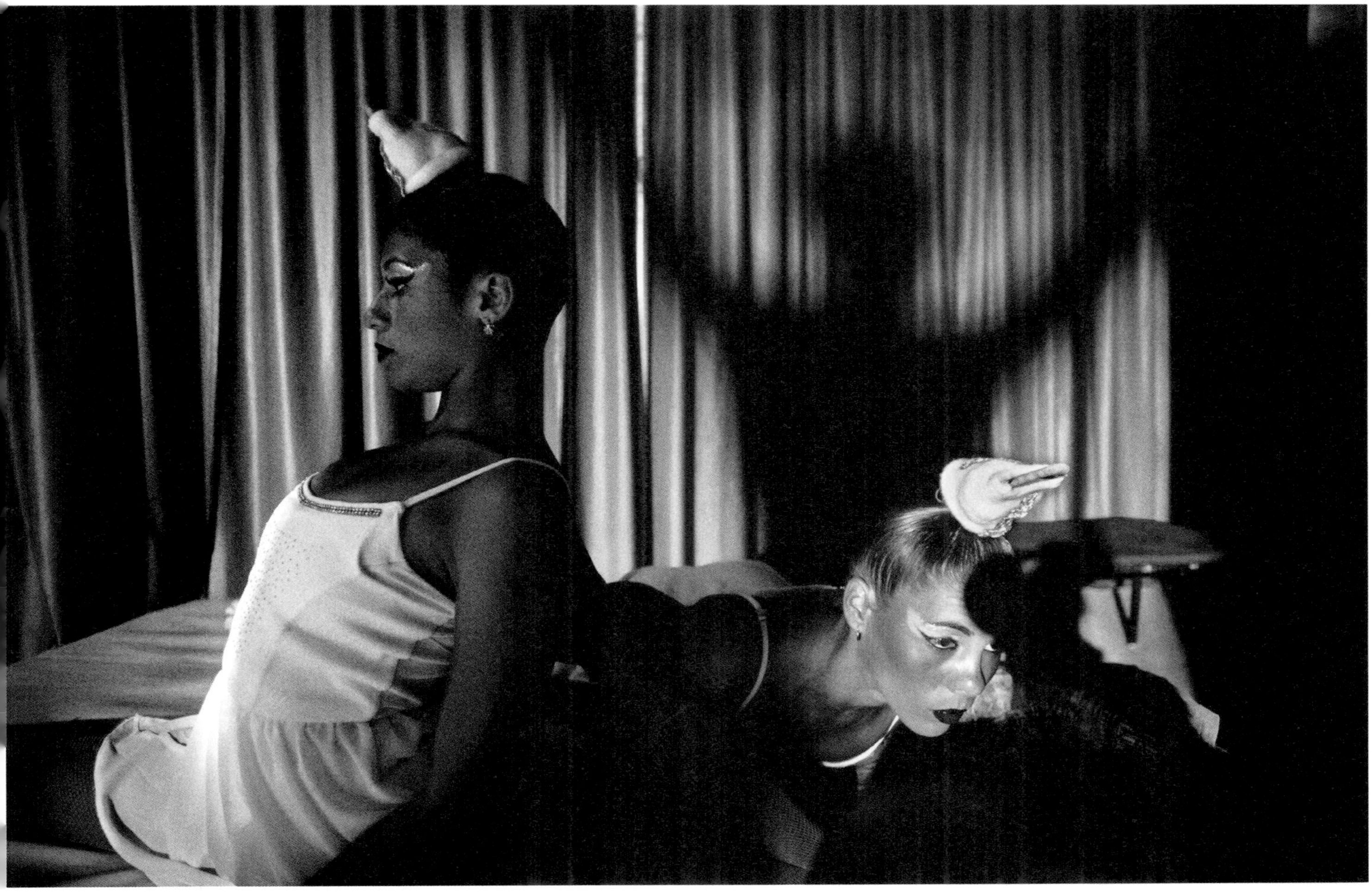

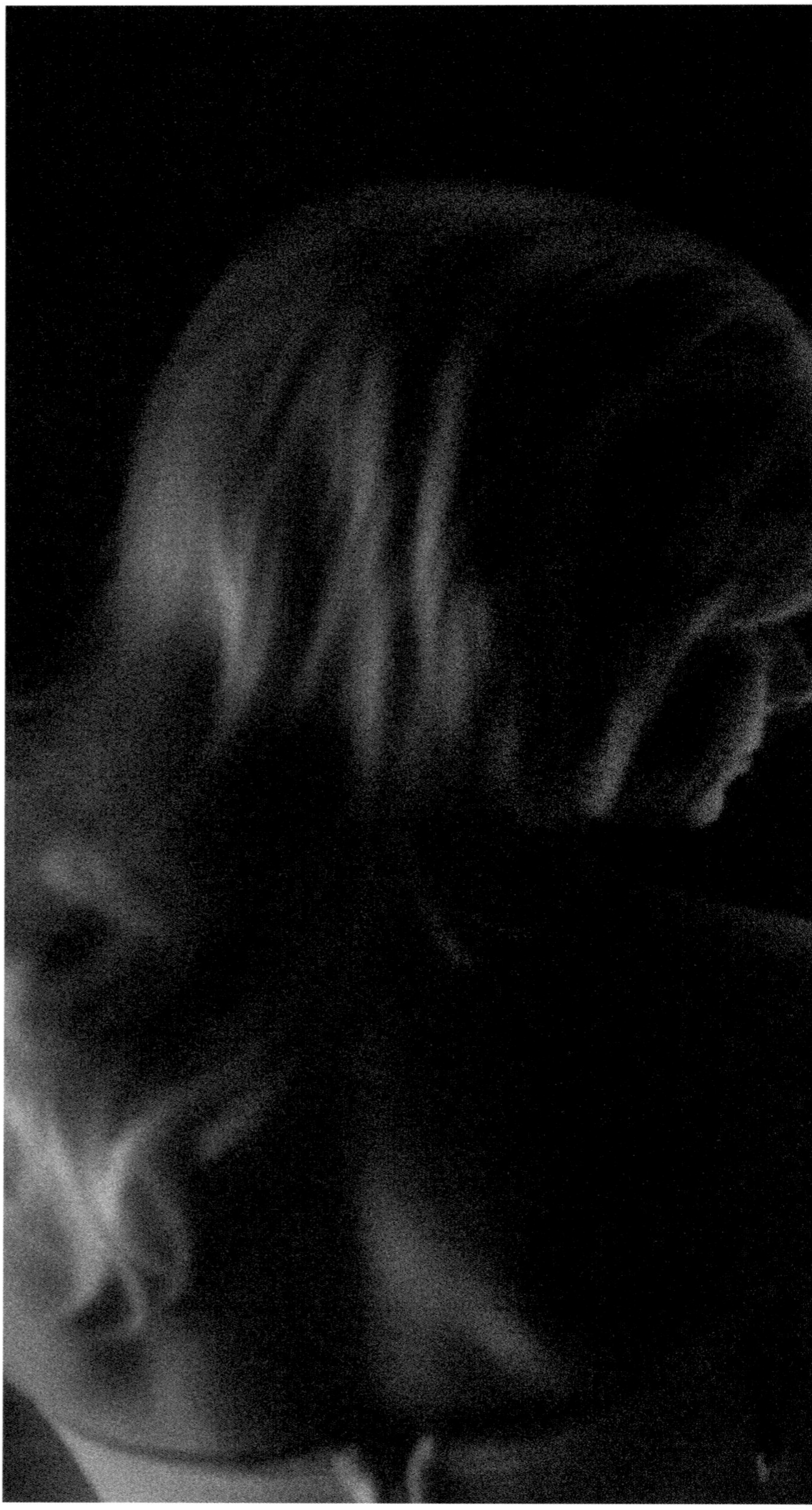

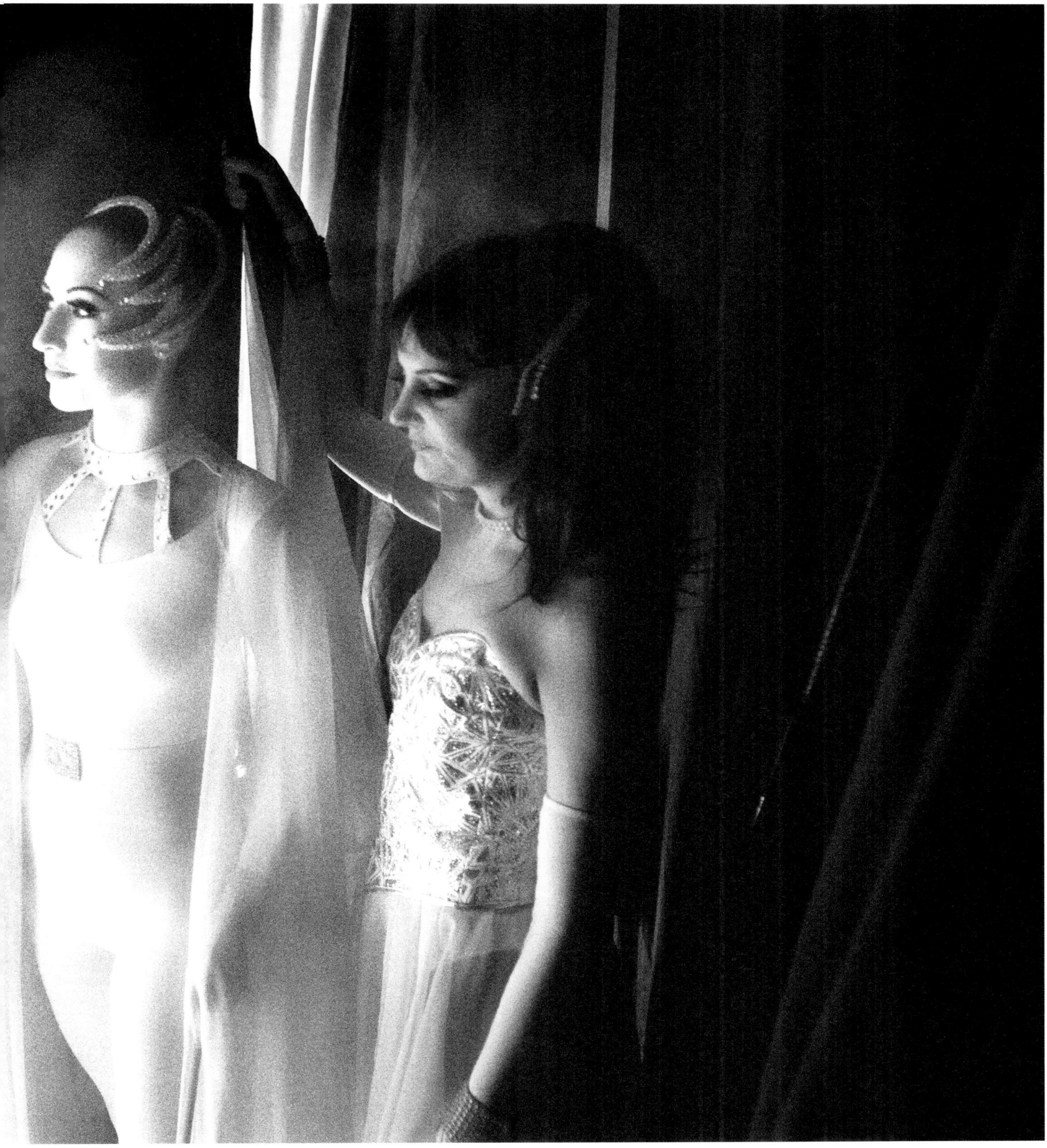

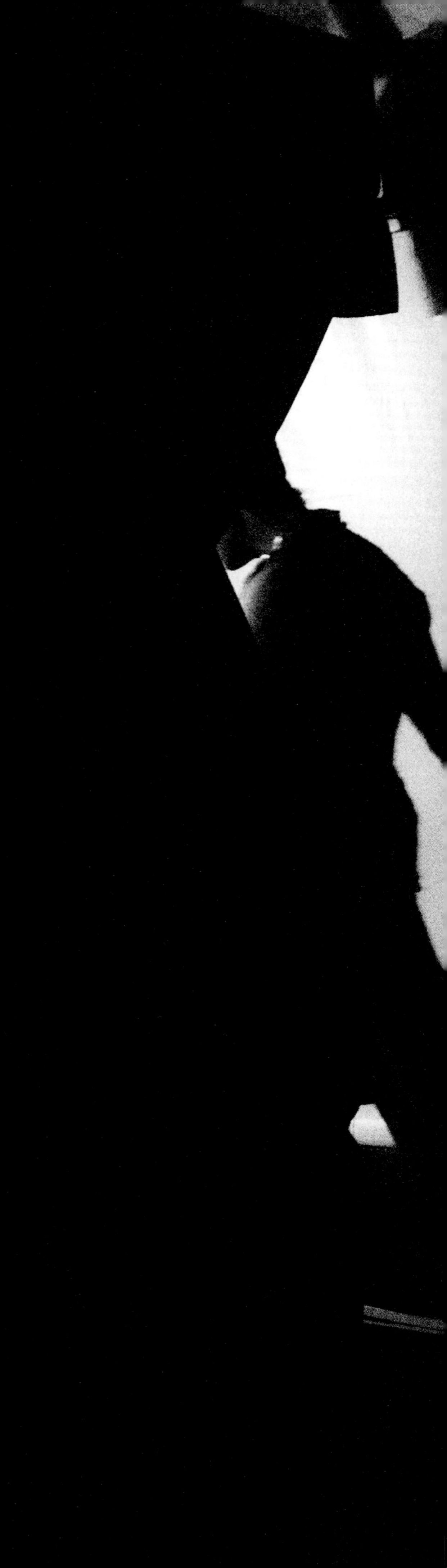

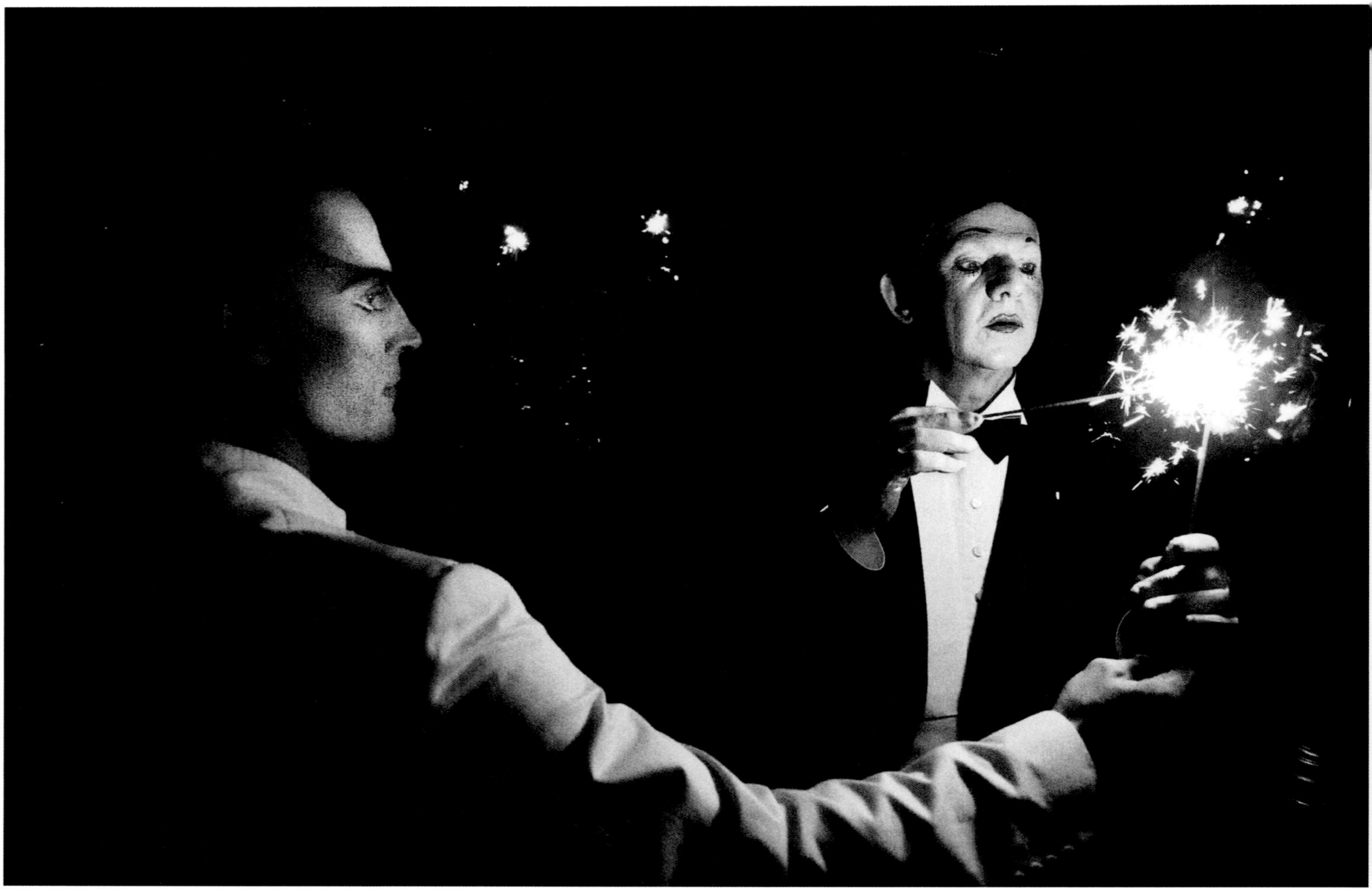

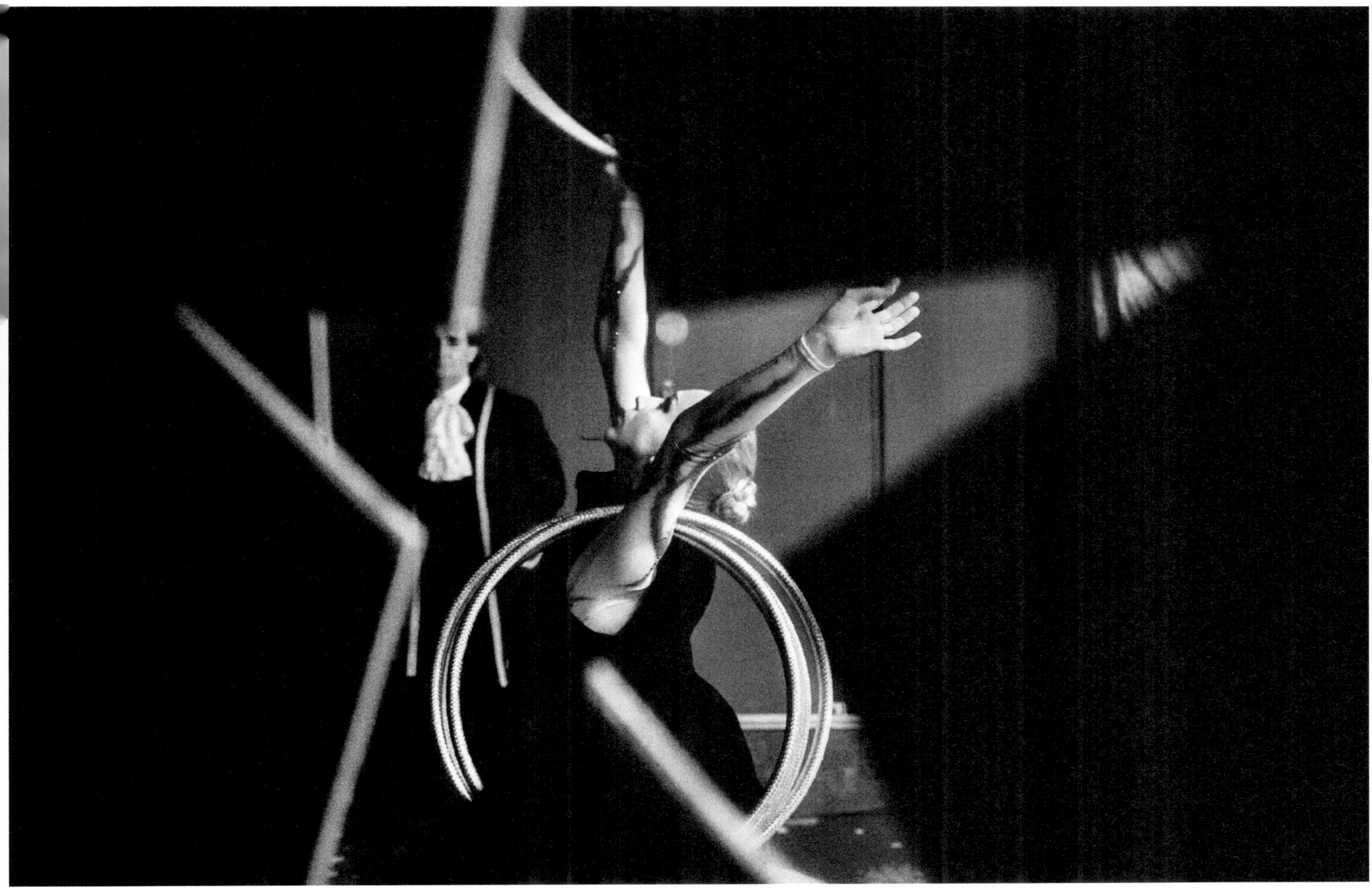

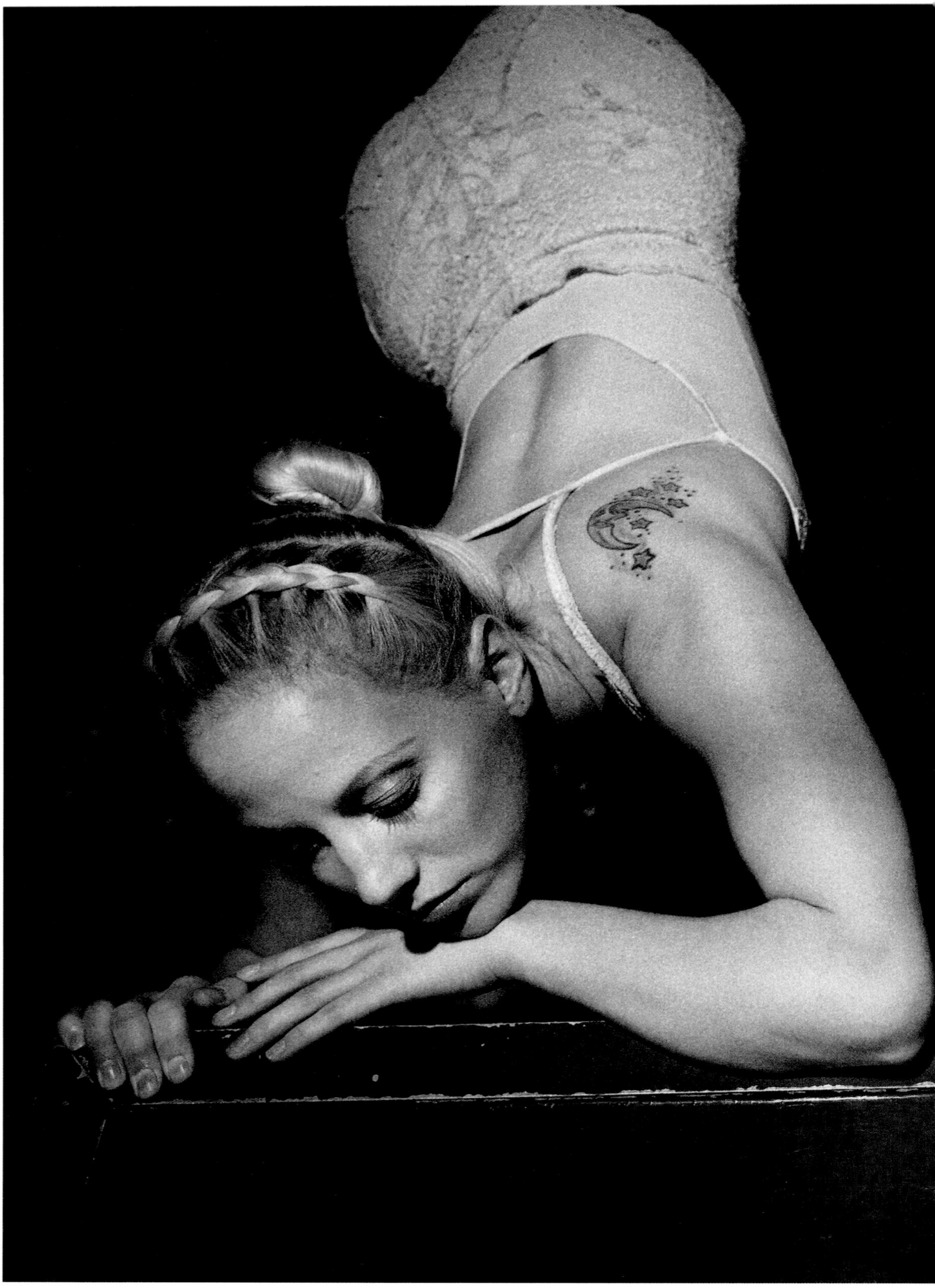

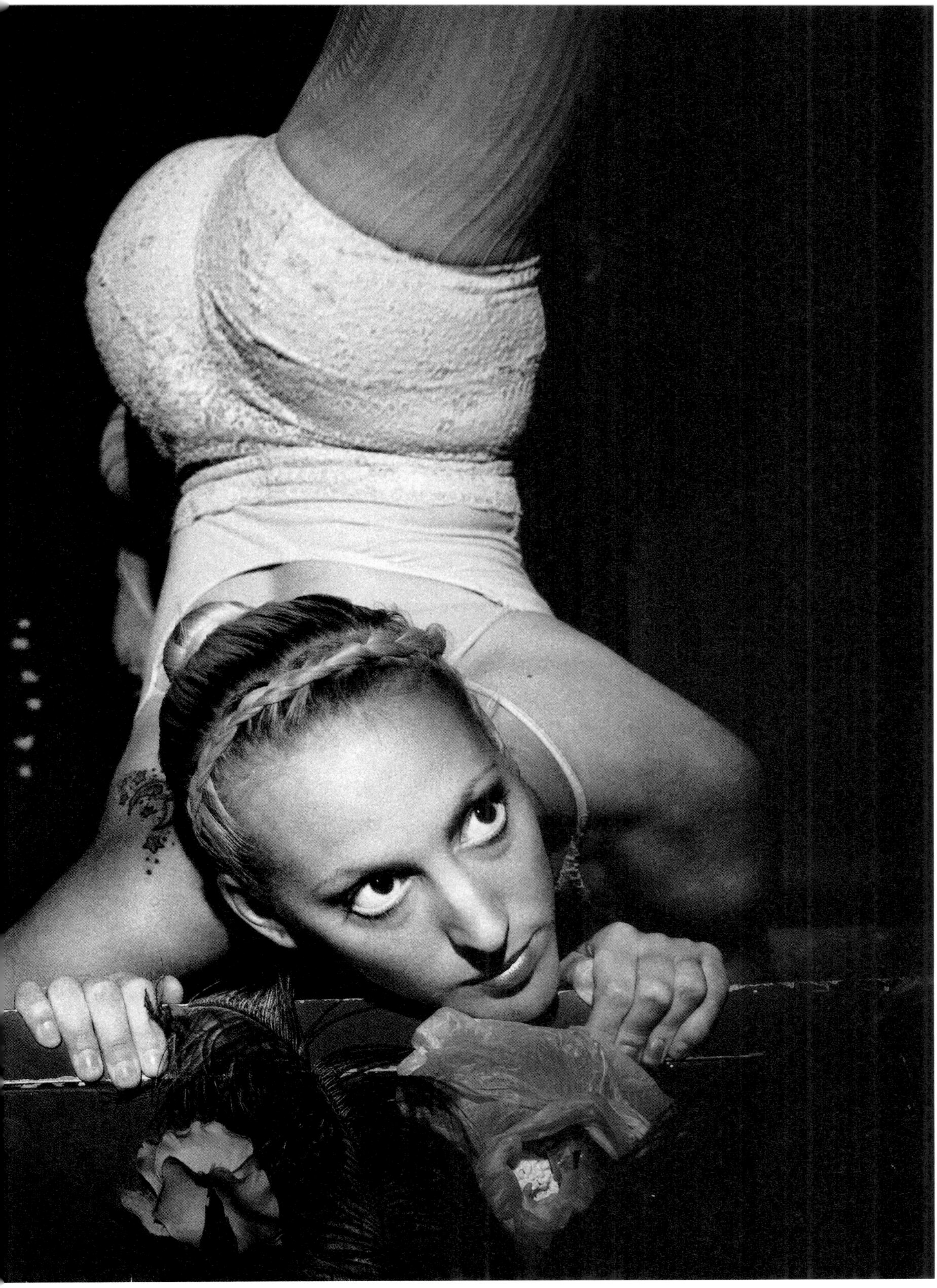

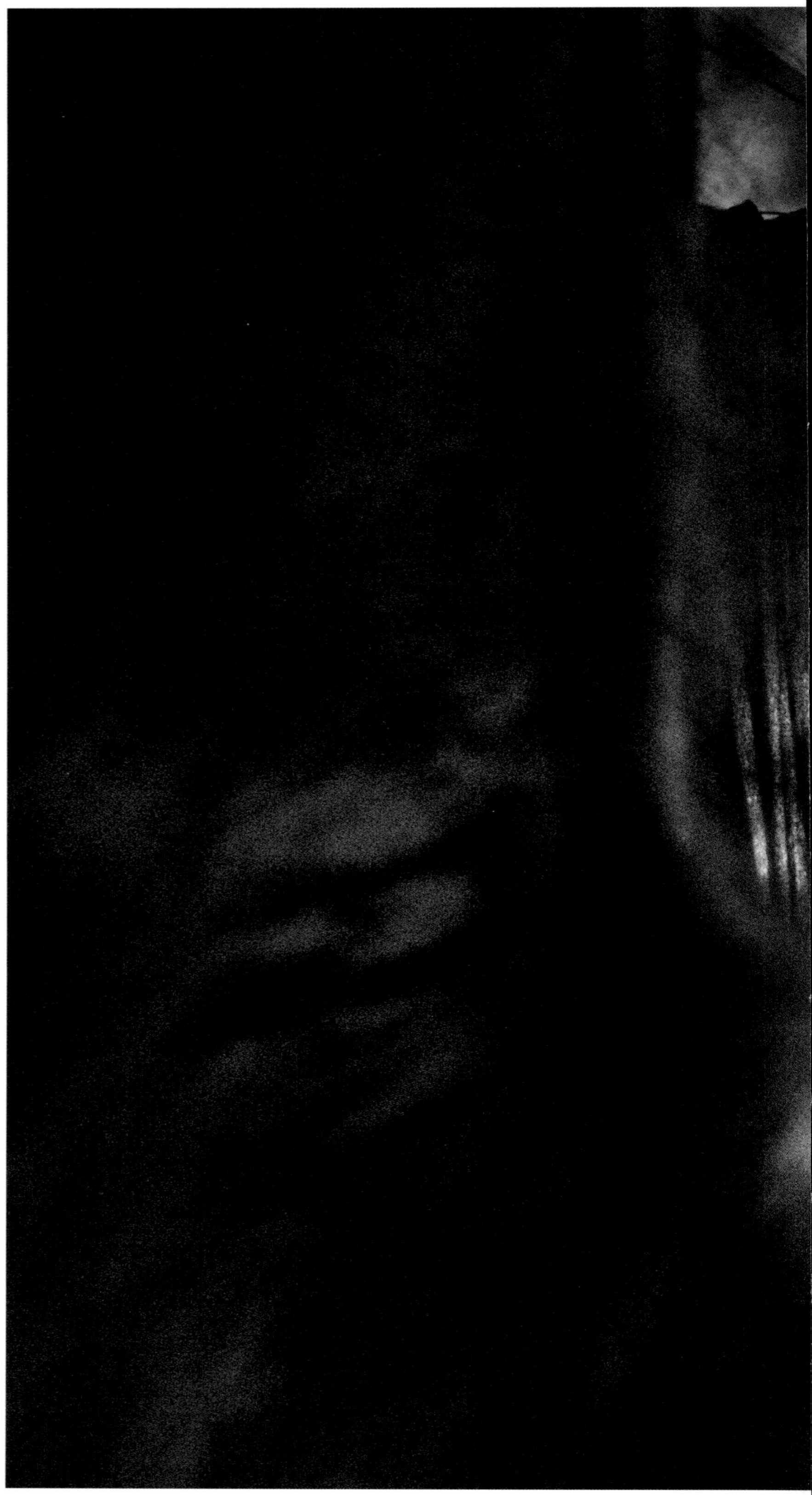

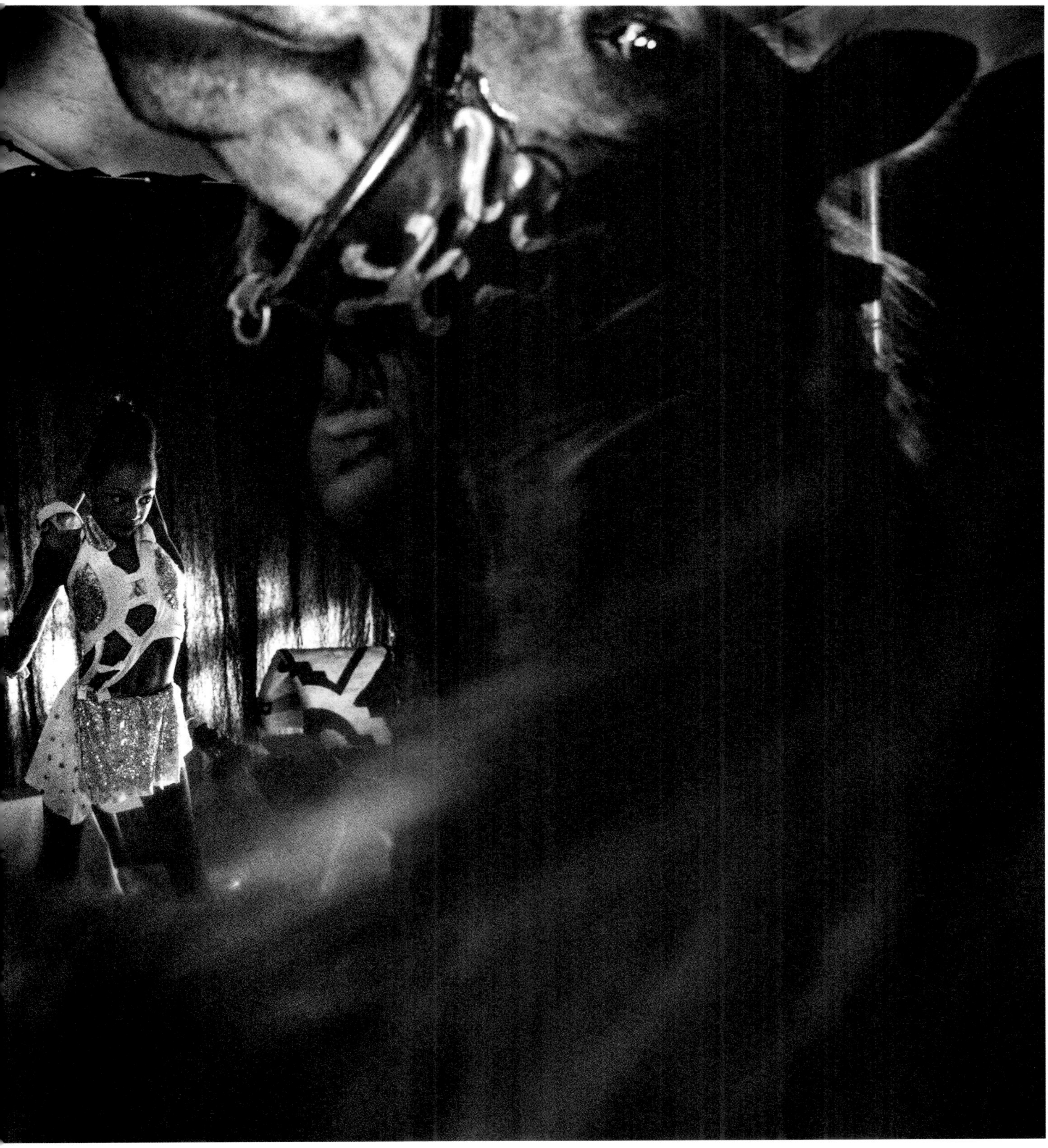

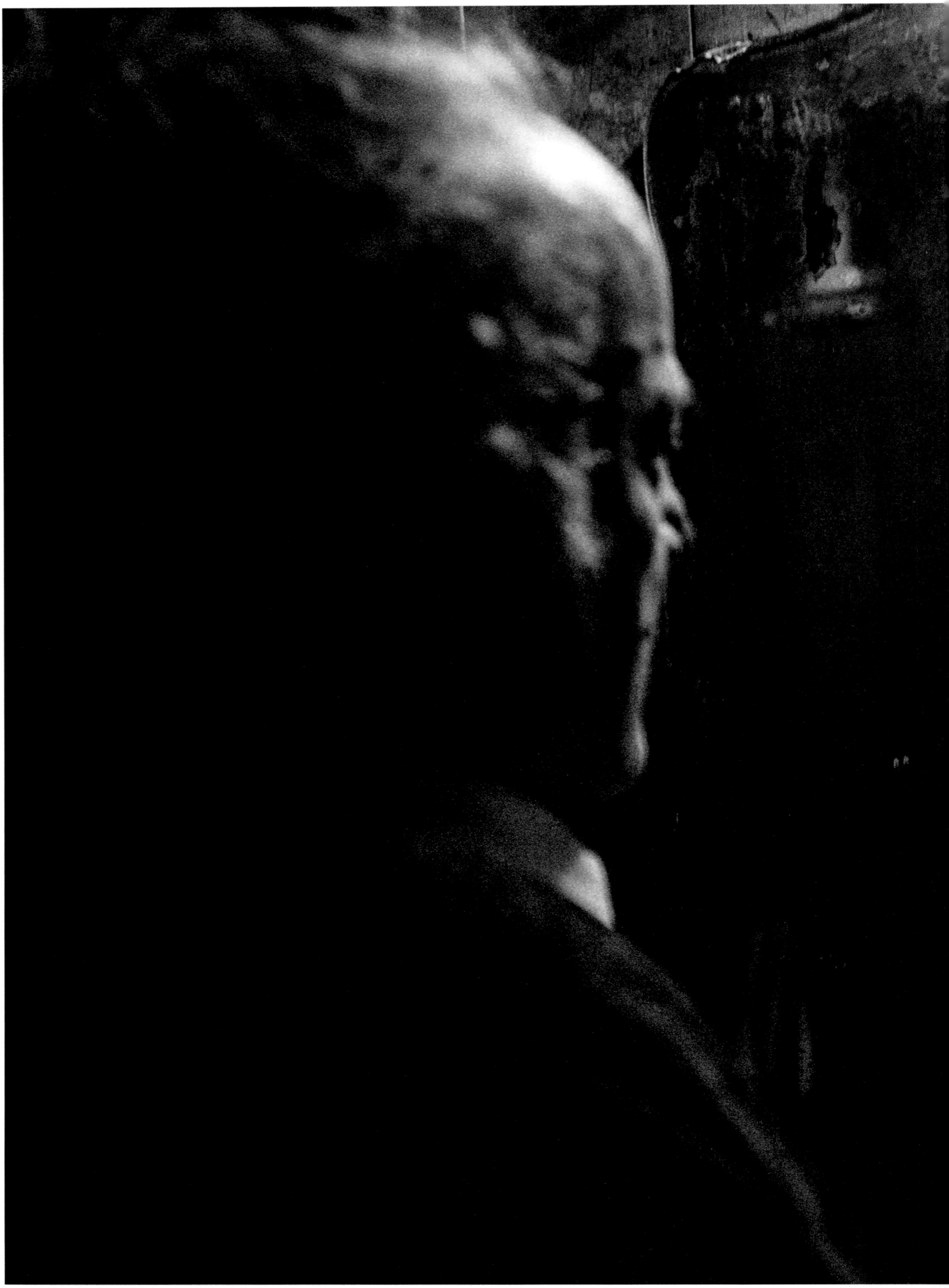

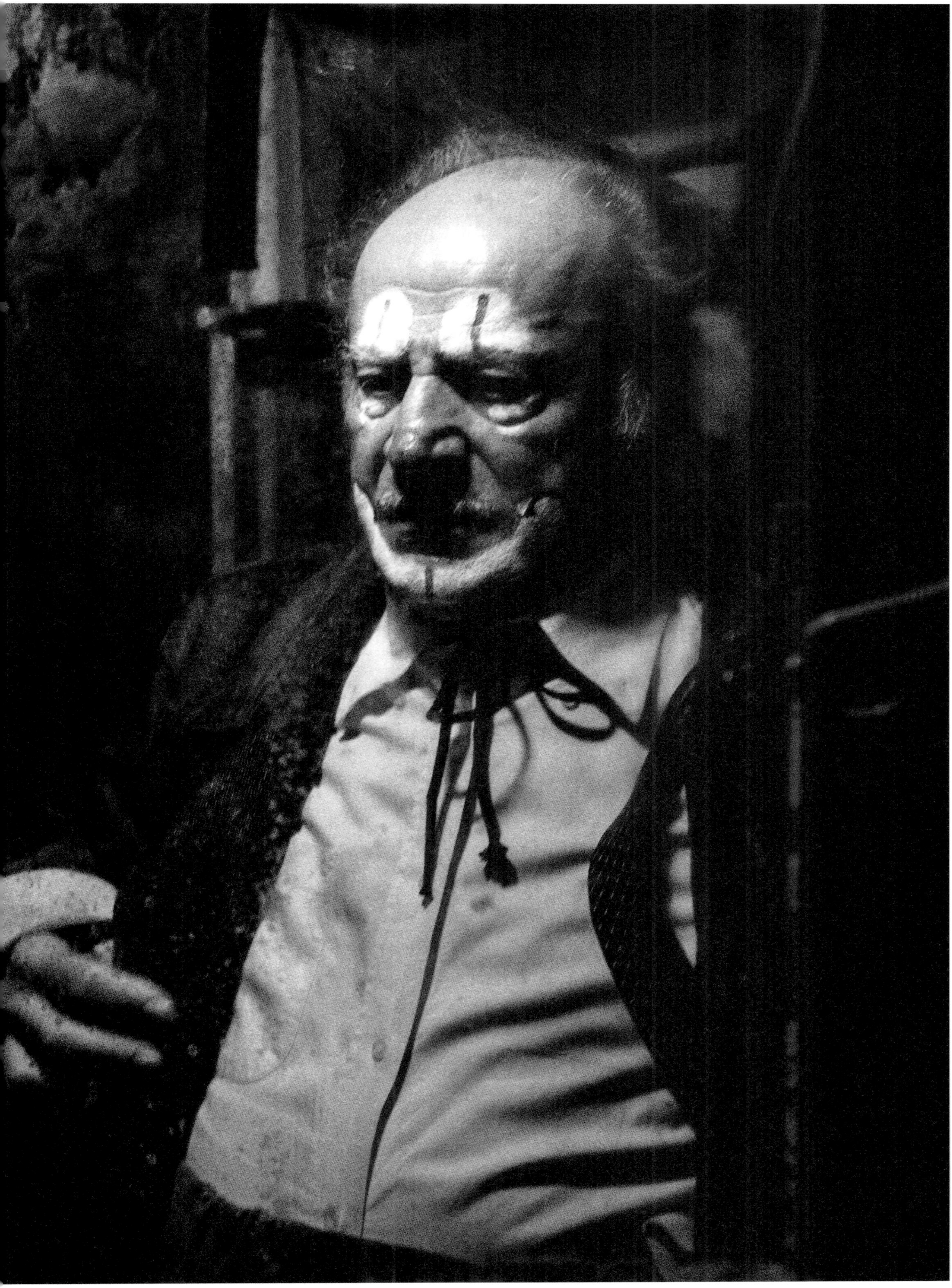

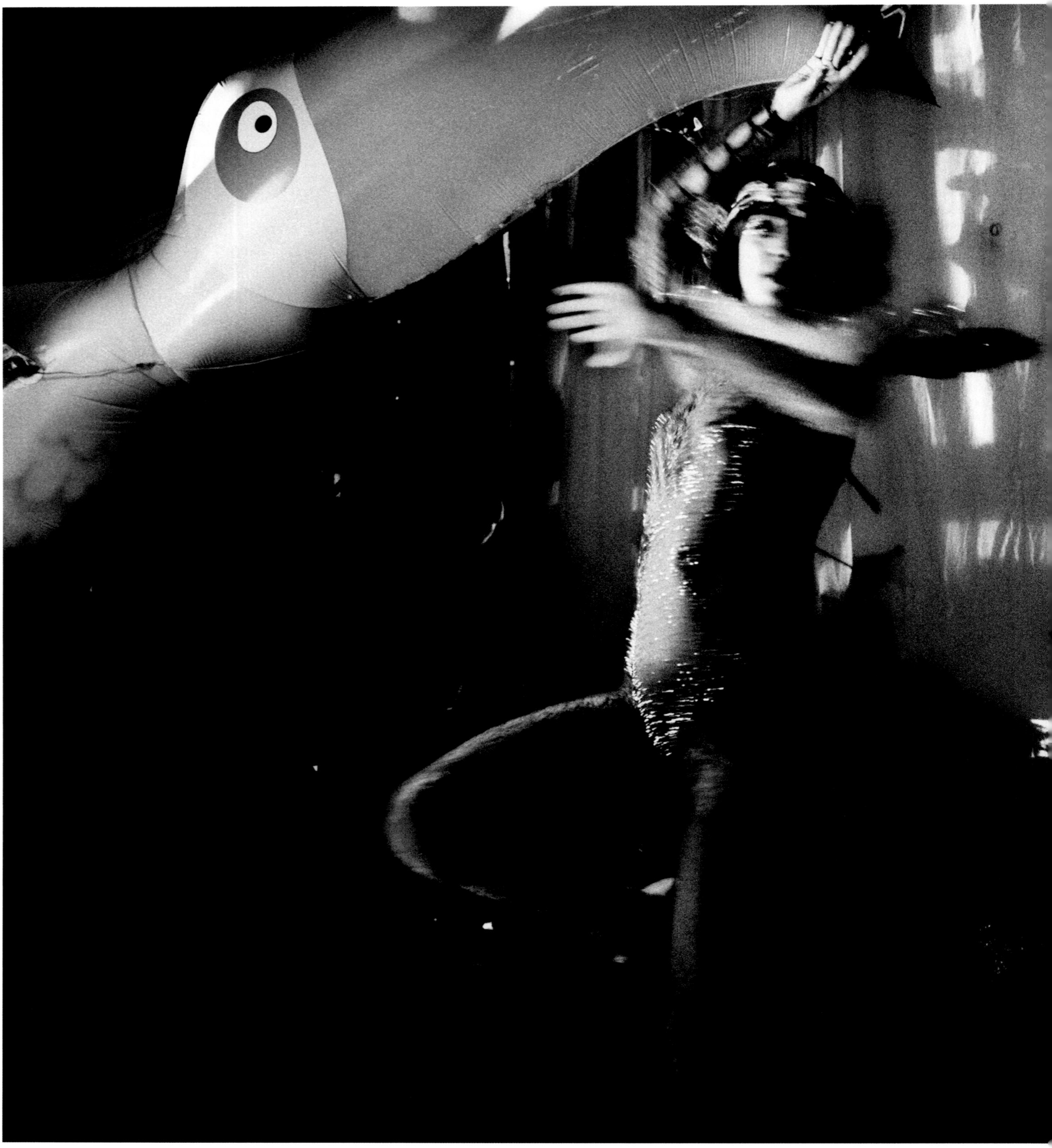

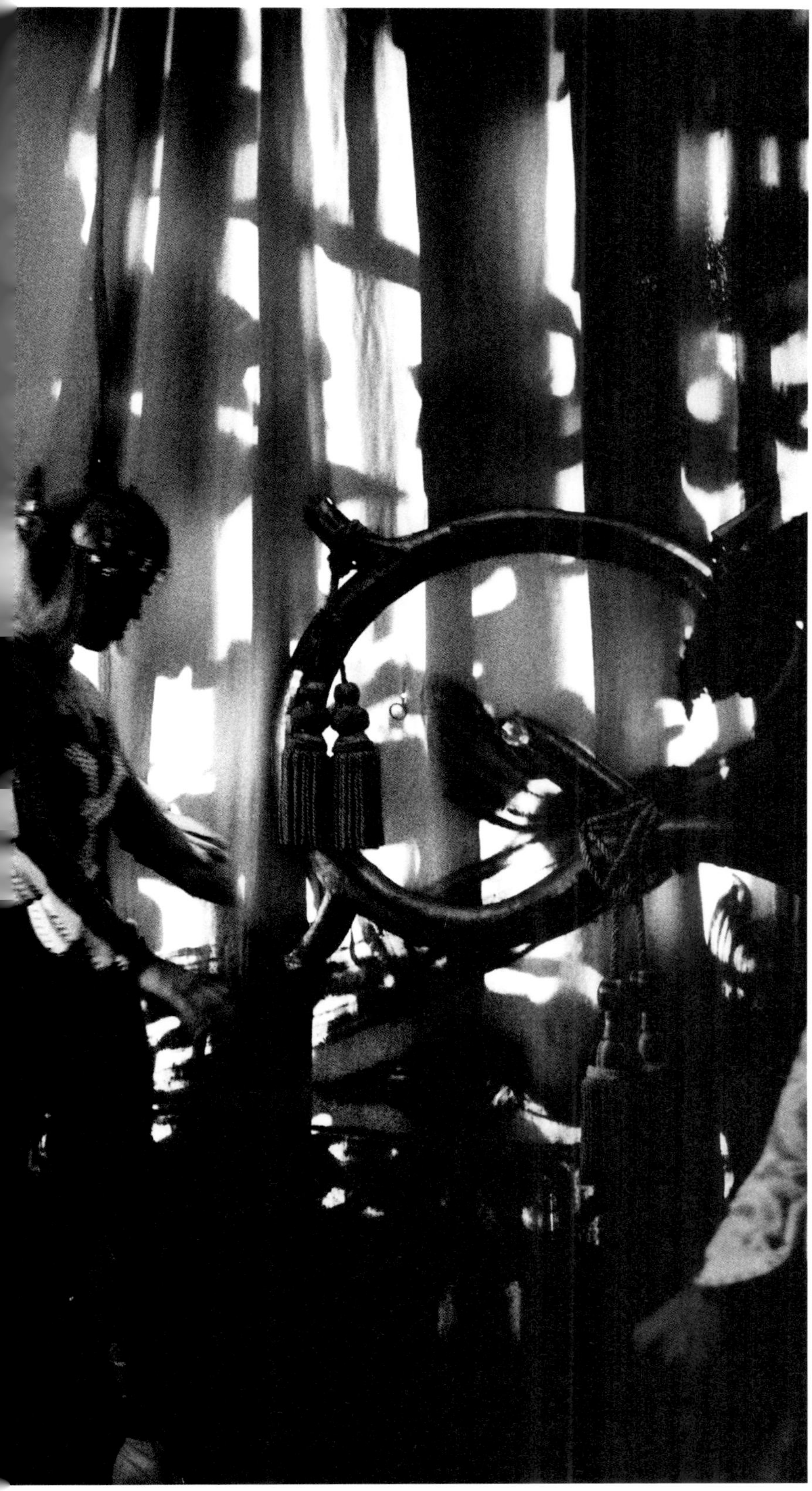

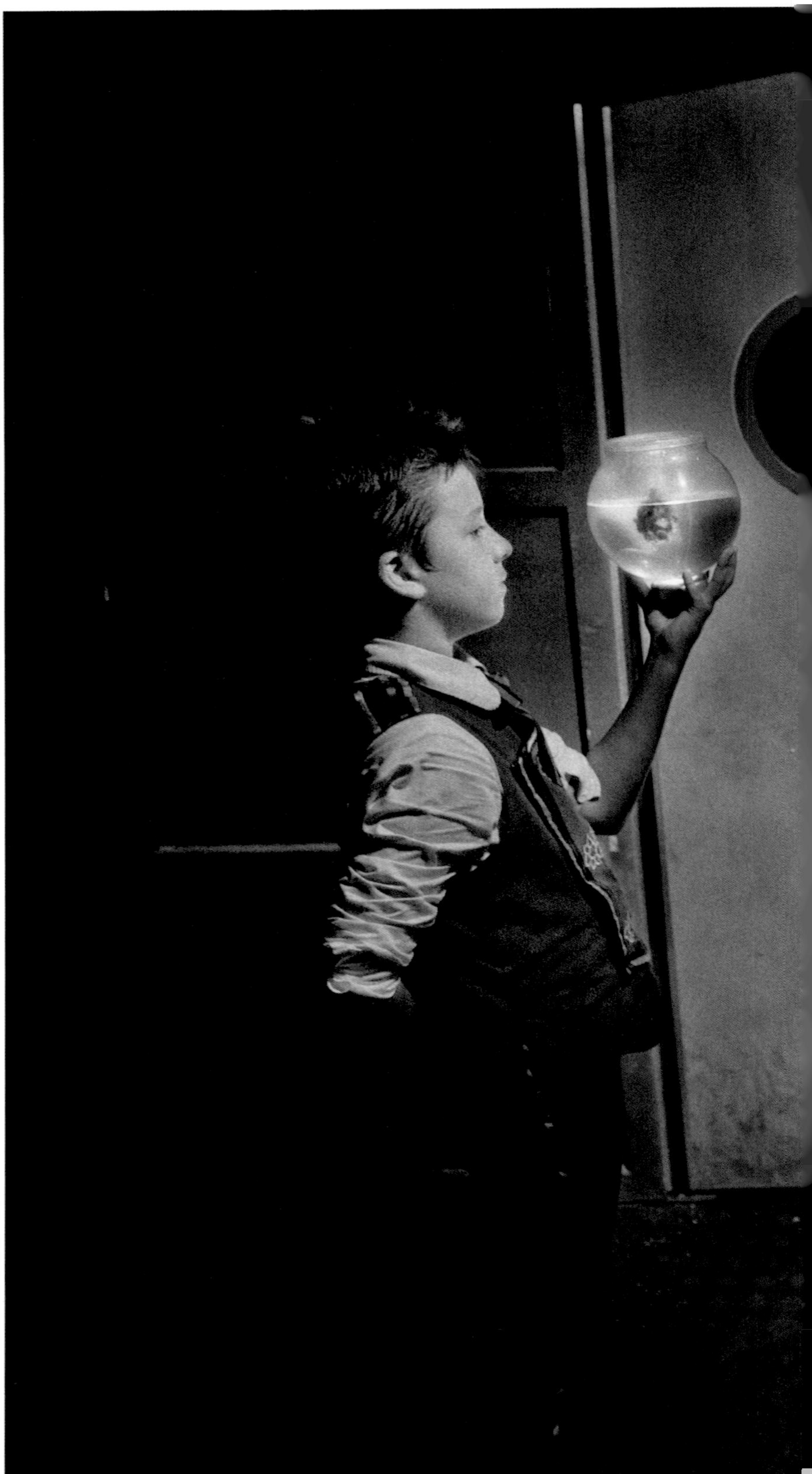

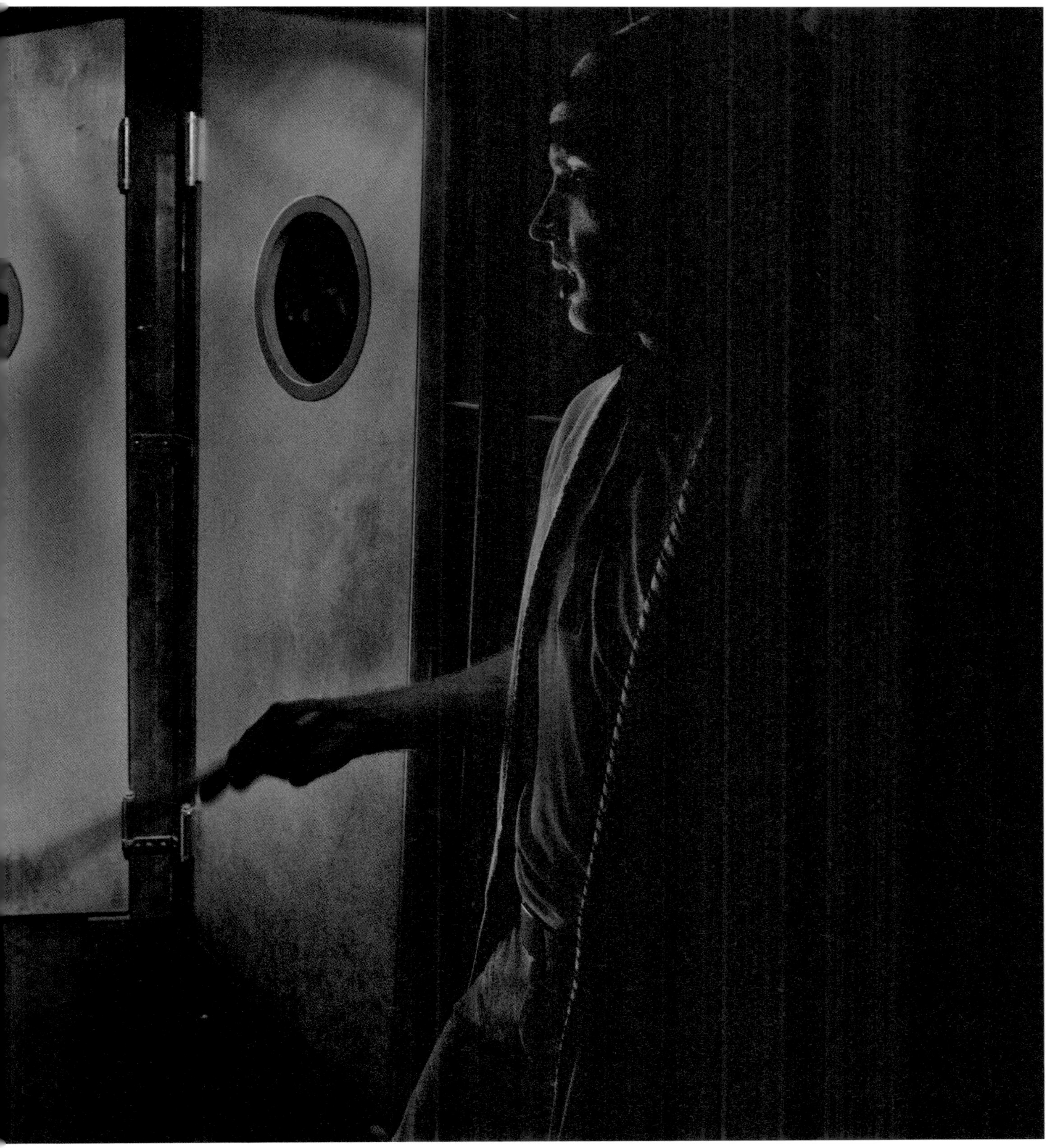

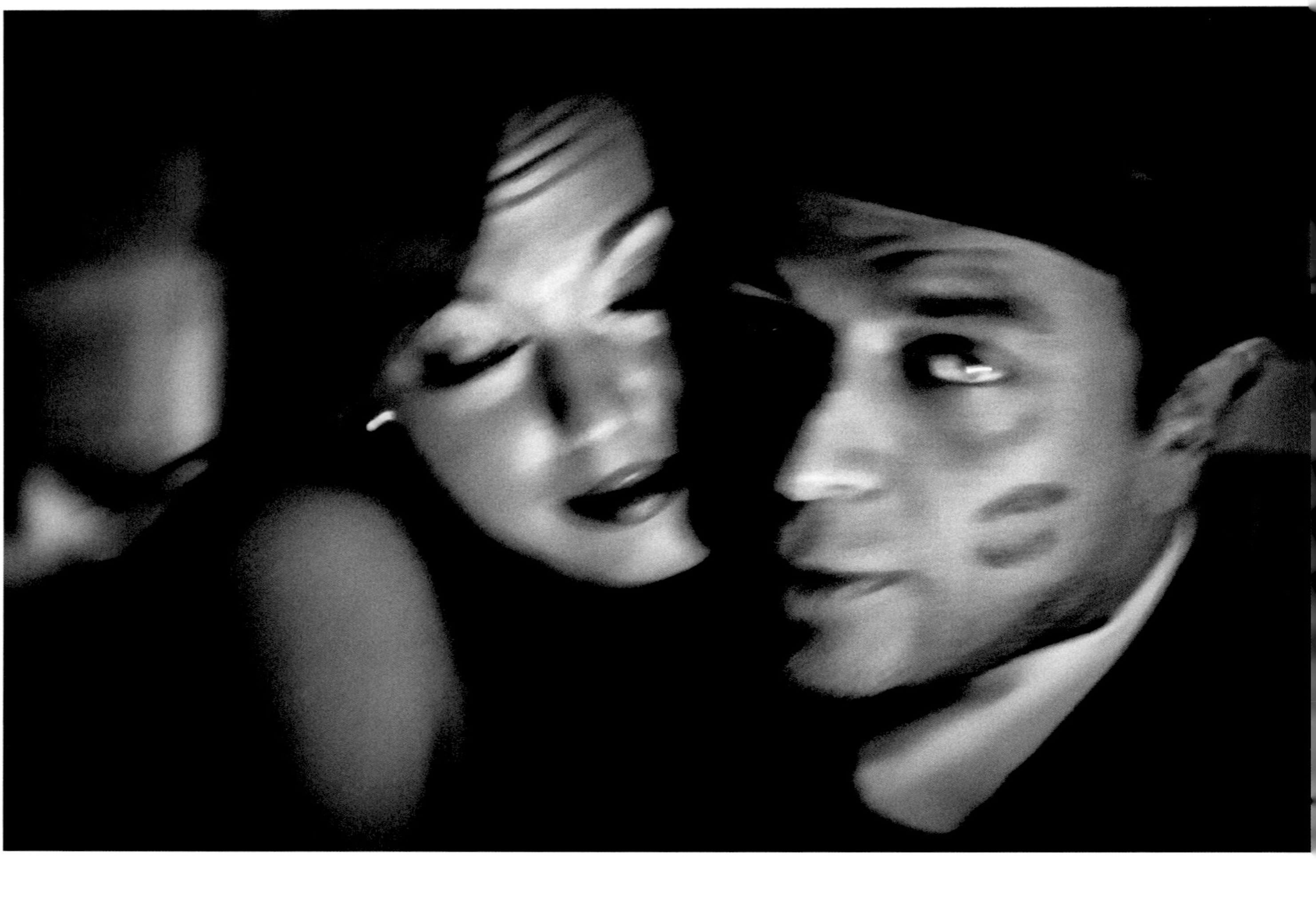

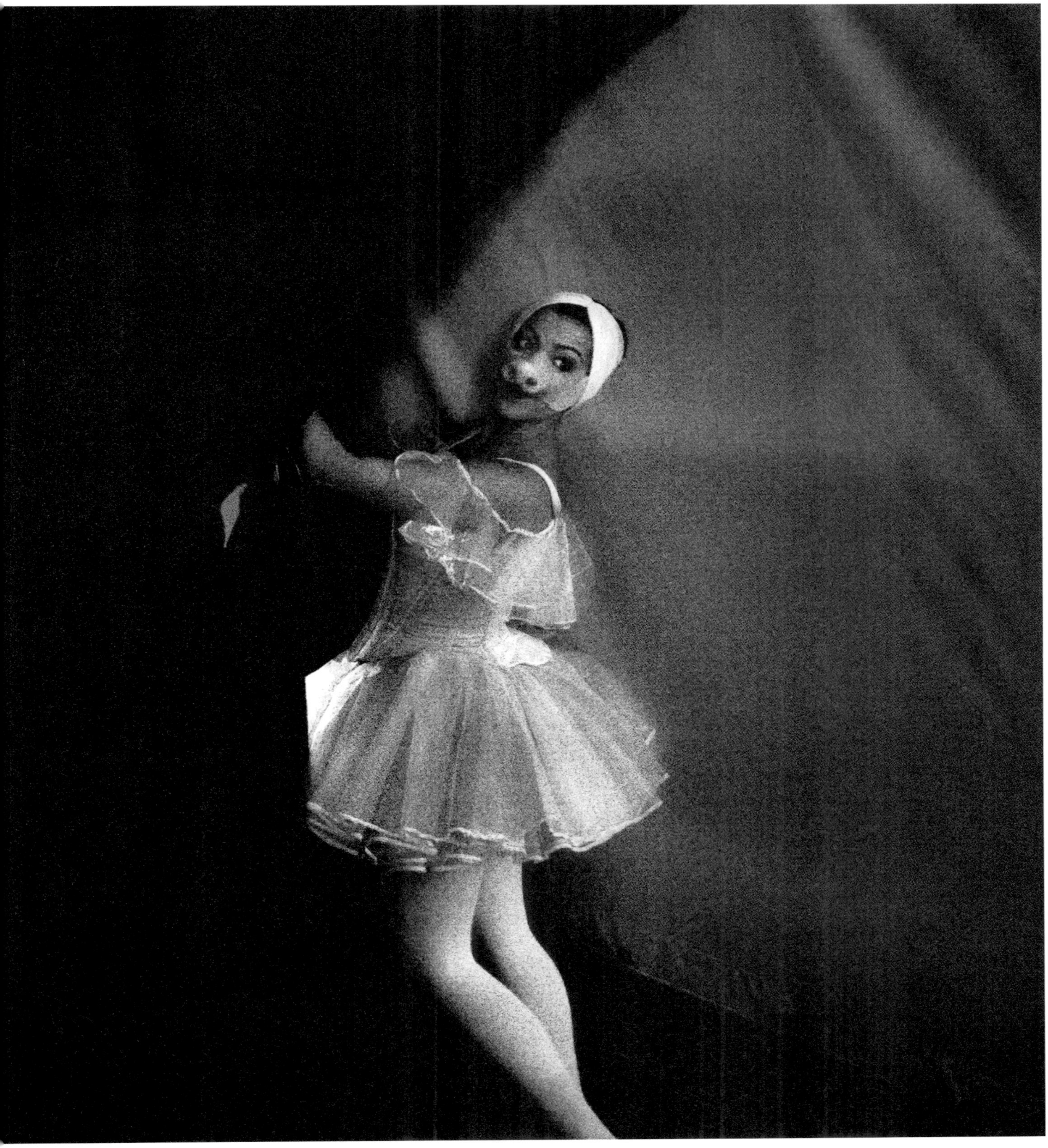

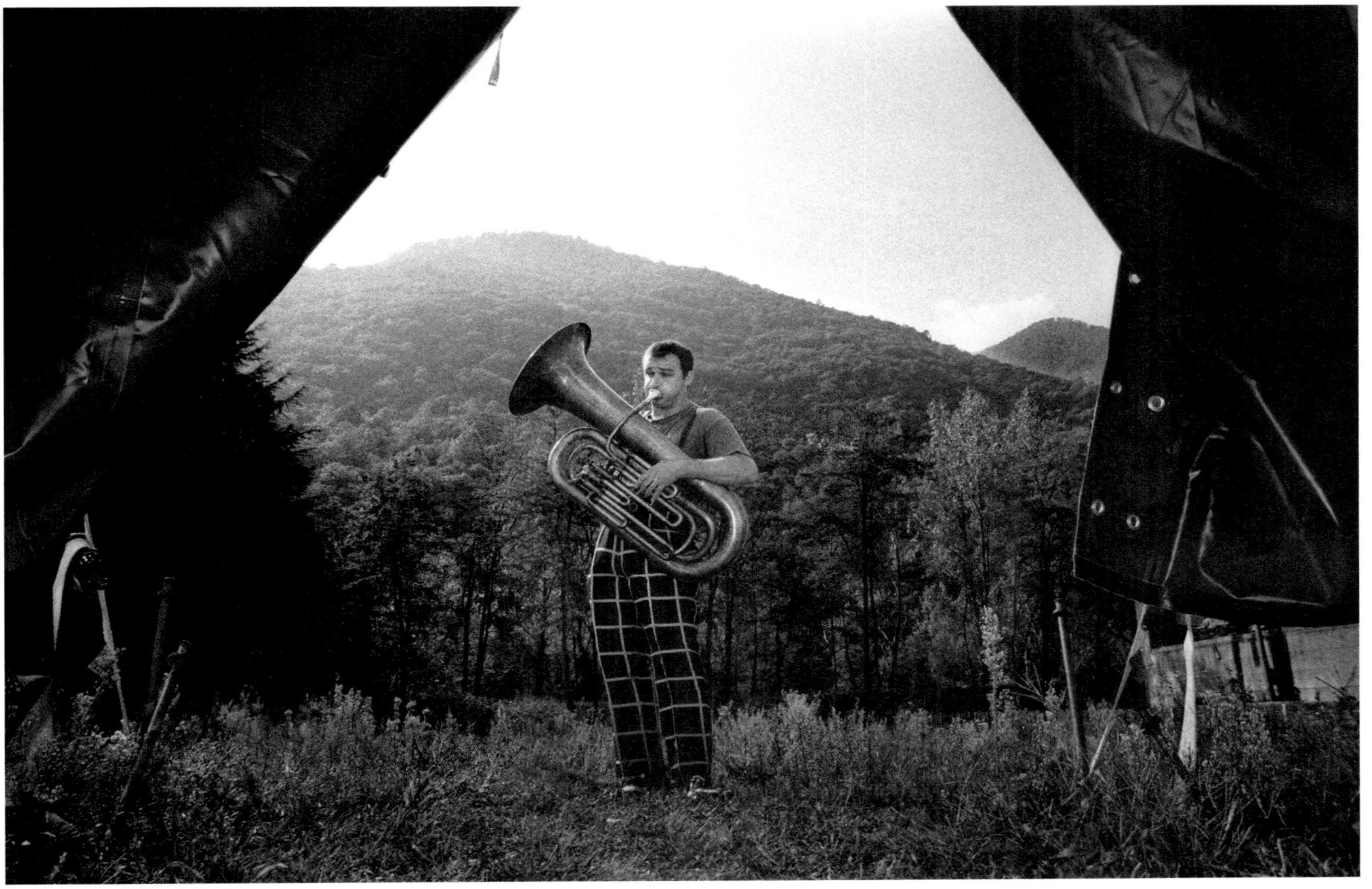

Index

Zirkus: bitte ja!

Zirkus ... was verbindet man nicht alles mit diesem zirzensischen Wort! Eine Welt mit viel Glamour, Stars, unglaublicher Artistik, Tieren – aber auch Skandale, Fehlinformationen, Illusionen ... Tatsächlich wird das Wort ebenfalls häufig – in unwürdiger Weise – als Schimpfwort benutzt. „Was ist das für ein Zirkus?" wird gerufen, unter anderem, wenn das Geschäft schlecht läuft. Doch kaum jemand denkt in solchen Situationen an die unglaubliche Leistung von Zirkusartisten – eine uralte Kunst wird ins Despektierliche gezogen! Denn Artisten sind generell unvergleichliche Künstler und in dieser Hinsicht allen anderen Menschen überlegen. Die Zirkusartisten leben für ihre Kunst, für ihren Auftritt, sie leben und sterben dafür, und ihr Ehrgeiz erschöpft sich darin. Dieses hohe Bewusstsein künstlerischer und kreativer Arbeit macht sie außergewöhnlich und damit erhabener als andere Künstler diverser Kultursparten. Leider vergisst das die Menschheit heutzutage und zollt dieser besonderen Kunst viel zu wenig Respekt – eben: „Was ist das für ein Zirkus?" Immer noch ist in vielen Ländern dieser Welt die Kunst des Zirkus nicht als Kulturgut angesehen und werden Zirkuskünstler gering geschätzt.

Diese fehlende Anerkennung durch die Kulturverantwortlichen trifft in der aktuellen Zeit der Pandemie alle Zirkusartisten und -unternehmen weltweit schwer. Es stehen keine Gelder zur Verfügung, um diese Menschen, die für ihre Kunst leben, zu unterstützen. Daraus entstehen unzählige Tragödien. So hat ein junger Spitzenartist, der seit jungen Jahren unermüdlich an (und mit) seinem Körper arbeitet, auf einen Schlag keine Arbeit mehr; seine Träume sind zerronnen. Keine Institution hilft einem solchen Menschen. Nein, die Zirkuskunst ist kein offizielles Kulturgut und wird somit nicht vom Staat gefördert. Junge Artisten müssen erfinderisch werden und irgendwie und irgendwo eine Arbeit annehmen und hoffen, dass die schwierige Lage bald vorüber ist. Es besteht die Gefahr, dass eine jahrhundertealte Kunstform ganz in Vergessenheit gerät und diese Menschen nie die Anerkennung erfahren, die ihnen tatsächlich zustünde.

Rückblick ins Jahr 1984: Popcorn und Souvenirartikel verkaufen, Wagen streichen, Kostüme herrichten, bei der Fütterung der Tiere helfen und, und, und ... Das waren meine Aufgaben als Teenager im Zirkus bei meinem Onkel, dem humanen Raubtierlehrer ohne Peitsche. Der Zirkus lebte, wie man ihn in bester Erinnerung hat: Spannung in der Manege, begleitet von einem Live-Orchester, und dazu ein staunendes Publikum. Es war eine Zeit, in der die besondere Atmosphäre der Stadt auf Rädern mit dem großen Zelt, den farbigen Zirkuswagen, den Clowns, den Artisten aus aller Welt und den exotischen Tieren die sesshaften Menschen noch begeisterte und fesselte. Kein Internet, keine Smartphones und Tablets entführten damals die Menschen in andere Welten. Allerdings gab es schon ein Medium, das die Leute mit bewegten und bewegenden Bildern zu beeindrucken begann: das Fernsehen. Doch zu jener Zeit war der Zirkus noch viel beliebter als heute. Die Kinder waren von dieser besonderen Welt fasziniert und wollten am liebsten auch Teil davon sein.

Und im Jahr 2021: „Zirkus? Was ist das?" Diese Frage stellte mir unlängst ein fünfjähriger Junge. Ich war irritiert und sprachlos. Zirkus kennt doch jedes Kind, dachte ich. Doch er fragte wieder und wieder. Ich fing an zu erklären und merkte, dass er mich nicht verstand. Ich nahm mein Smartphone hervor und suchte schnell ein Video über Zirkusse. Ich zeigte es ihm, doch er lachte nur und fand es „nicht so cool", wandte sich von mir ab und spielte weiter mit seinem Tablet. Die Eltern entschuldigten sich fast bei mir: „Ja, er hat noch nie einen Zirkus gesehen." Ist diese spannende Kunstform dem Tode geweiht? Eine lebendige Kulturform, die – gerade für Kinder – so wichtig wäre? Für Kinder ist der Zirkus häufig das erste Erlebnis, das ihnen Zutritt zu Kunst und Kultur allgemein verschafft.

Die Vergangenheit zeigt, dass der Zirkus sich hartnäckig – aller Ungewissheit zum Trotz – durch alle Krisen hindurch behauptet hat. Allerdings nicht, ohne Schaden zu nehmen: Viele große, namhafte Zirkusunternehmen sind plötzlich von der Bildfläche verschwunden. Es gab stets Platz für neue kreative Idealisten und Pioniere, die den Zirkus immer wieder neu aufleben ließen – und dies bis zum heutigen Tag. Es bleibt zu hoffen, dass es nach der Coronakrise noch viele innovative Menschen gibt, die diese Kunst immer wieder neu erlebbar machen und die wunderbare, farbige Welt weiterhin in die Städte und aufs Land bringen. Die Länder der Welt sollten den Zirkus endlich offiziell als Kulturgut anerkennen. Eine Welt ohne Zirkus ist grauer, ärmer und weniger lebendig.

Ein hawaiianisches Sprichwort bringt die momentane Situation auf den Punkt und macht Hoffnung: „In jedem Licht gibt es Dunkelheit, in jeder Dunkelheit gibt es Licht!"

Zirkus: bitte ja und für immer!

Thomas Amiet

Thomas Amiet ist ein ausgewiesener Kenner der Zirkusszene und Autor des Buchs „Nock – der erste Schweizer Zirkus".

Circus: yes please!

Circus . . . this word conjures up so many ideas! A world with lots of glamour, stars, incredible artistry, animals – but also scandals, misinformation and illusions. In fact, this word is also often used – in an undignified way – to express disapproval, as when the sensationalist coverage of an event is described as a "media circus". But hardly anyone thinks of the incredible performances of circus artists when they hear that – what a disrespectful way of treating an age-old art! In general, circus artists are outstanding performers and superior to other people in this regard. They live for their art, for their performance, they live and die for it. It is all they aspire to. This acute awareness of their artistic and creative work makes them exceptional and stand out from artists in other cultural disciplines. Unfortunately, people forget about this today and pay far too little respect to this extraordinary art. All they say is "What a media circus!" In many countries, the art of the circus is still not considered a cultural asset, and circus artists are not appreciated.

Everywhere in the world, this lack of recognition by culture officials is hitting circus artists and circus companies hard during the current pandemic. No funds are made available to support those who live for their art. For many of them, this ends in tragedy. A young top-notch artist who has been working tirelessly on (and with) his body since he was young suddenly finds himself out of work; his dreams are shattered. No institution helps someone like this. No, the art of the circus is not an official cultural asset and therefore not supported by the state. Young artists have to become inventive and take the first job that comes along in the hope that the difficult situation will soon pass. There is a risk that a centuries-old art form will be forgotten altogether and that these people will never receive the recognition they actually deserve.

Flashback to 1984: selling popcorn and souvenirs, painting wagons, making costumes, helping feed the animals, etc. etc. . . . these were my duties as a teenager in the circus alongside my uncle, the humane trainer of wild animals who didn't have a whip. The circus was alive and kicking, as we all remember it so well: nail-biting performances in the ring, live music played by an orchestra and a spellbound audience. Those were the days when the special atmosphere of the city on wheels with its big top, colourful wagons, clowns, international artists and exotic animals still amazed and captivated the sedentary public. At that time, there was no internet, no smartphones and tablets that held people in thrall. Yet one medium was beginning to mesmerize people with images that were moving in a literal and in a figurative sense: television. However, back then the circus was much more popular than it is today. Children were fascinated by this peculiar world and wanted to be part of it.

And in 2021: "Circus? What's that?" A five-year-old boy recently asked me that question. I was irritated and lost for words. Every child knows what a circus is, I thought. But he just kept asking. I started to explain and realised that he didn't understand. I took out my smartphone and quickly looked up a video about circuses. I showed it to him, but he just laughed and told me he thought it "wasn't that cool" before turning away and continuing to play with his tablet. His parents almost apologised to me, "Yeah, he's never seen a circus before". Is this exciting art form doomed? A form of culture that is so vibrant and important – especially for children? For them, the circus is often the first experience that opens up the world of art and culture to them on a general level.

The past shows that the circus has so far stubbornly weathered all crises – despite the odds. But it has not survived unscathed: many big-name circus companies have disappeared. Young creative idealists and pioneers always managed to breathe new life into the circus – and continue to do so even today. Let's hope that after COVID there will be many innovative people left who will continue to bring this art form to life and take this bright, magic world to the cities and the countryside. The international community should finally recognise the circus as an official cultural asset. A world without circuses is less colourful, less rich and less vibrant.

A Hawaiian proverb sums up the current situation and should give us hope: "In every light there is a darkness, in every darkness there is a light!"

Circus: yes please, and may it last forever!

Thomas Amiet

Thomas Amiet is an acclaimed expert on the circus scene and has written a book entitled "Nock – der erste Schweizer Zirkus".

Hinter den Kulissen

Zirkus – ist das nicht ein Zelt voller Klischees von Freiheit, Abenteuer und Romantik? Ein fasziniertes, gespanntes, lachendes Publikum, strahlende Kinderaugen, Trommelwirbel und schwungvolle Blasmusik, furchtlose Artisten in bunten Kostümen, die hoch über der Manege herumturnen oder ihre Körper in abenteuerlichen Verrenkungen darbieten, ein Direktor in Fantasieuniform als selbstgefälliger Ansager, grell geschminkte, herumalbernde Clowns. Hinzu kommt das Geschäftliche, Private und Mühsame, der Auf- und Abbau des Zeltes, das Werben um genügend Zuschauer, das Aushängen und Einsammeln der Plakate, die Sorge um Tierfutter, das unstete Leben in engen Wohnwagen, die protzigen Zugmaschinen und die namenlosen Helfer. Früher gab es noch die „Tierschau“, bei der man außerhalb der Vorstellungen die mitgeführten Tiere in ihren mobilen Ställen besichtigen konnte. Der Auftritt vor allem von exotischen Tieren wird inzwischen als problematisch empfunden.

In Oliver Stegmanns Zirkus ist von den Klischees nicht mehr viel übrig geblieben. Es sind stille Bilder, keine laute Kapelle nervt, keine Ahs und Ohs des Publikums, kein Szenenapplaus unterbricht die stumme, aber nichtsdestoweniger lebendige Bildstrecke. Dressierte Tiere sind gelegentlich noch zu sehen, eine Reminiszenz an den langen Entstehungsprozess der Fotoserie. Tageslicht kommt nur dann vor, wenn die Kamera in Richtung des Bühnenein- und -ausgangs schaut, was aber nur selten geschieht. Stegmann blickt vorzugsweise in die umgekehrte Richtung, vom „Sattelgang“ in Richtung Manege. Ihn interessiert die Atmosphäre gespannter Erwartung und höchster Konzentration, in der sich die Artisten vor ihren oft halsbrecherischen Auftritten oder bei den Proben befinden. Stegmann gelingt diese Verdichtung durch den Verzicht auf Farbe und die Ausnutzung der Lichtsetzung vor und in der Manege – geblitzt wird nicht, um die Stimmung nicht zu zerstören. Aus dem Dunkel lösen sich die Protagonisten in einer Manier heraus, die an die Filmkunst des Expressionismus erinnert (S. 10, 14, 44, 58, 90). Solche gestenreiche Inszenierungen gehören einfach dazu und Stegmann vermag es, sie so auf den Punkt zu bringen, dass ihr Zauber erhalten bleibt.

Die in einem Zeitraum von 15 Jahren in unterschiedlichen Zirkusunternehmen entstandenen Fotos wurden nach strenger Auswahl zu einer fiktiven Geschichte vereint, wie sie der normale Zuschauer vom Rand der Manege aus niemals zu sehen bekommt. Denn sie bricht fast immer dann ab, wenn die Protagonisten die Bühne betreten haben, oder zeigt Perspektiven, die von den Rängen aus nicht möglich wären. Dabei erzählt schon jedes Bild eine eigene Story. Den Raum der Handlung steckt am Anfang und am Ende das Streifenmuster einer Zirkuskuppel ab. Im ersten Bild tastet sich eine durchtrainierte Frau den Weg durch einen geschlossenen Vorhang, gegen Ende des Buchs scheint eine andere Frau nach ihrem Auftritt die Arena wieder zu verlassen und wirft noch einen letzten Blick zurück. Immer wieder hat der Fotograf Momente der Selbstvergessenheit eingefangen. Rätselhaftes wird nicht erklärt, so wie die jungen Damen, die Stöcke mit Tellern halten wie Luftballons an einer Schnur (S. 84). Eine Artistin mit vier Beinen (S. 66)? Zu welchem Kunststück gehört das kleine Kind, das in hingebungsvoller Beziehung zu einer Frau mit auffälliger Kurzhaarfrisur zu stehen scheint (S. 64)? Ein muskulöser junger Mann schwebt mit ausgebreiteten Armen von links in den Bildausschnitt – Schmerzensmann oder Ekstatiker (S. 52)? Requisiten werden hereingeschoben, zum Beispiel das große Rad, dessen Funktion sich nur denjenigen erschließt, die die Artisten damit haben agieren sehen (S. 50). Eine Frau sitzt in trotziger Haltung auf dem Rücken eines Elefanten, ein Satyr – oder ist es ein Clown? – steht im Vordergrund hinter einem Vorhang und schaut zu einer anderen Frau mit abweisendem Gesichtsausdruck – in was für eine Darbietung sich dieses Beziehungsgeflecht wohl auflöste (S. 34)?

Stegmanns Fotos laden ein zu näherer Betrachtung und regen dabei die Fantasie an. Der Fotograf erzählt von Menschen, die seltsam gekleidet einem in jeder Hinsicht unsicheren Beruf als Artist, Dompteur, Jongleur oder Clown nachgehen und dabei mit ihren Rollen verschmelzen. Man sieht und spürt ihre Leidenschaft. Im Gegensatz zu vielen anderen Zirkusfotografen verzichtet Stegmann auf das fast beliebige Davor und Danach, also auf Bilder vom Zeltauf- und -abbau, von der Zirkusschule, von den engen Wohnwagen, vom Füttern der Tiere oder vom Transport in die nächste Stadt. Es geht nicht um die „schönsten“ Zirkusbilder aus dem reich bestückten Archiv des Fotografen, sondern um einen zentralen Aspekt: das Zeigen von Engagement für die Sache.

Oliver Stegmann steht dabei in der Tradition der dokumentarischen, schwarz-weißen Reportagefotografie und offenbart immer wieder seine Sympathie für den Surrealismus. Er sammelt bekannte und noch lieber unbekannte Fotobücher und nennt William Klein, Eugene W. Smith oder Josef Koudelka als Inspirationsquellen, was man aber nicht allzu eng sehen sollte. Für seine Zirkusserie bedient er sich einer klassischen Bildsprache, die auf die enge Zirkuswelt selten so konsequent und souverän wie hier angewendet wurde. Damit fügt „Circus Noir“ dem allzu oft in Klischees gefangenen Genre sowohl in der Themensetzung als auch in der gestalterischen und technischen Realisierung eine ganz und gar unromantische, auf den wahren Kern der Zirkusarbeit konzentrierte Facette hinzu.

Thomas Wiegand

Thomas Wiegand ist Fotograf und Kunsthistoriker. Er war Mitinitiator des Kasseler Fotobuchfestivals.

Behind the scenes

Circus – isn't that a tent full of stereotypes about freedom, adventure and romance? A spellbound, excited, guffawing audience, bright-eyed children staring in wonder, the roll of drums and a brass band playing lively music, intrepid acrobats in colourful costumes performing aerial feats high above the ring or presenting their bodies in mind-boggling contortions, a ringmaster in a fancy uniform who smugly announces the acts, garishly made-up clowns and their antics. But there also are commercial aspects, the artists' private lives and their daily grind, pitching and taking down the tent, bringing in audiences, putting up and taking down posters, worrying about feeding the animal, being constantly on the move in cramped caravans, operating powerful machinery and recruiting countless anonymous hands. In the past it used to be possible to view the animals during the day in their stables on wheels. Today, the display of exotic animals in particular is seen as problematic.

In Oliver Stegmann's circus, these stereotypes have all but disappeared. The photos are quiet, no nerve-racking band is playing music, no audience shouting in amazement, no spontaneous applause interrupting the silent, but nonetheless lively succession of pictures. Circus animals still appear from time to time, testifying to how long this photo series has been in the making. Daylight is only visible when the camera is pointed in the direction of the stage entrance and exit, but this rarely happens. Stegmann prefers the opposite direction, looking from backstage towards the ring. He is interested in the atmosphere of tense expectation and utmost concentration when the artists are rehearsing or just about to go on stage for their hair-raising acts. Stegmann captures the essence of these moments by doing away with colour and exploiting the lighting outside and inside the ring – he uses no flash in an effort to avoid disturbing the scene. The protagonists emerge from the darkness in a manner that is reminiscent of expressionist films (pp. 10, 14, 44, 58, 90). Such showy performances are part and parcel of this context, and Stegmann manages to preserve their magic.

The photos, taken over 15 years in different circus companies, have been carefully selected and combined into a fictional story that audiences would normally never get to see from the edge of the ring. It almost always breaks off as soon as the protagonists enter the stage, or shows perspectives that spectators never get from their seats. In fact, each image tells a story of its own. The beginning and end of the story is marked by the striped pattern of a big top. The first photo shows a sinewy woman who walks through a closed curtain, and at the end of the book another woman seems to be leaving the ring after her performance, turning back one last time. Again and again, the photographer captures performers in moments of unawareness. No explanation is given for mysterious situations, such as the young ladies holding sticks with plates like balloons on a string (p. 84). And what about the artiste with four legs (p. 66)? What is the meaning of the little child who seems to have an intimate relationship with a woman sporting a striking cropped haircut (p. 64)? An athletic young man floats into the picture from the left with his arms outstretched – a man of sorrows or in ecstasy (p. 52). We see props being pushed into the ring, a big wheel, for instance – only those who attended the show know what purpose it serves (p. 50). A woman is sitting defiantly on the back of an elephant, while a satyr – or is it a clown? – is standing in the foreground behind a curtain and looking at another woman with a peevish face – one wonders what kind of performance this complex situation was followed by (p. 34)?

Stegmann's photos invite viewers to take a closer look, stimulating their imagination. The photographer portrays people dressed in strange outfits whose work as acrobats, tamers, jugglers or clowns seems insecure on every level. Yet they all identify closely with their roles. We can see and feel their passion. Unlike many other circus photographers, Stegmann does not show the almost arbitrary motifs that precede or follow the show: the tent being pitched or taken down, the circus school, the cramped caravans, the animals being fed, the journey to the next town. It is not about displaying the "most beautiful" circus pictures from the photographer's comprehensive archive, but about one central aspect: showing commitment to the cause.

Oliver Stegmann subscribes to the tradition of documentary-style black-and-white photojournalism while repeatedly revealing his surrealist leanings. He collects less-well-known photo books even more than well-known ones. He mentions William Klein, Eugene W. Smith and Josef Koudelka as models whom he looks to for inspiration, but this should not be taken too literally. For his circus series, he uses a classical kind of imagery that has rarely been applied to the small world of the circus as consistently and confidently as in this case. Thus, in terms of subject-matter, design and production, Circus Noir takes a different approach to this genre, which is all too often caught up in stereotypes, by adding an entirely unromantic perspective that focuses on the true essence of what it means to work in a circus.

Thomas Wiegand

Thomas Wiegand is a photographer and art historian. He was co-initiator of the Kassel Photo Book Festival.

Danksagungen

In diesem Langzeitprojekt habe ich ab 2005 in verschiedenen Zirkussen das Schauspiel hinter dem Vorhang fotografiert. Der Sattelgang – Backstage – war meine „Bühne“. Ich möchte allen, die mir den Zugang hinter die Kulissen ermöglicht haben, vielmals danken: La Famiglia Dimitri (Clown Dimitri, Masha, Nina und David Dimitri, Kai Leclerc) – mit euch hat dieses Projekt seinen Anfang genommen; Circus Knie (die ganze Familie Knie, Herbert Scheller, Nik Leuenberger), Circus Salto Natale (Rolf Knie, Gregory Knie, Liza Stark, Anja Walder, Marco Baumgartner), Circus Nock (Verena, Alexandra, Franziska und Franz Nock), Circus Conelli (Robi, Cindy und Jeremy Gasser), Circus Gasser Olympia (Dominik Gasser), Circus Harlekin (Pedro Pichler, Monika Aegerter), Young Stage und Das Zelt – Classic Circus (Nadja Hauser), Cirque Helvetia (Julien Maillard und Familie), Circus Monti (Johannes Muntwyler), Zirkus Stey (Rolf, Irene, Martin Stey), Roikkuva's Kulturpalast (Andreas Muntwyler, Mike Durrer) und allen, die hier nicht namentlich erwähnt sind. Ein spezieller Dank geht an Gaston und Roli für eure einzigartige Gastfreundschaft im Wohnwagen über all die Jahre und an Bello Nock für die unvergessliche Woche in Boston.

Ein besonderes Dankeschön an Ernesto Bazan, dass du so ein inspirierender Lehrer auf meiner fotografischen Reise warst. Wolfgang Zurborn, Michael Ackerman, Giorgio Negro und Romain Fournier – euch danke ich vielmals für eure wertvolle Unterstützung bei der Bildauswahl, der Konzeption des Buchentwurfs und die vielen konstruktiven Rückmeldungen zum Projekt. Ein großer Dank gilt Markus Schaden für den genialen Buchtitel und Thomas Schmutz für die Kontakte und die Unterstützung im Kulturbereich.

Thomas Wiegand danke ich für den regen Austausch zur gemeinsamen Leidenschaft für Fotobücher über all die Jahre, die vielen Inspirationsquellen zwischen zwei Buchdeckeln und den gelungenen Essay. David Dimitri – danke vielmals, dass du so ein schönes Vorwort geschrieben hast. Ein ganz großes DANKESCHÖN geht an meinen Freund Thomas Amiet. Du hast mir diese damals für mich neue Welt eröffnet und deine Leidenschaft für die Zirkuswelt wunderbar in Worte gefasst.

Ich danke Matthias Koddenberg vom Verlag Kettler und Thomas Groß von der Druckerei Kettler herzlich für ihre Unterstützung bei der Realisierung dieses Buchprojekts.

Meiner Mutter danke ich, dass sie immer an mich geglaubt hat. Meinen Liebsten Claudia, Mira und Shana: Euch danke ich ganz herzlich für euer geduldiges Verständnis, dass ich immer mal wieder unterwegs zum Fotografieren oder in Gedanken abwesend war.

Zum Schluss ein besonderes Dankeschön allen Artisten dafür, dass ich sie fotografieren durfte. Dieses Buch ist eine Hommage an die Welt der Zirkusse und ihre Künstler.

Acknowledgements

In this long-term project, I photographed scenes behind the curtain in various circuses from 2005 onwards. Backstage was my “stage”. I would like to thank everyone who allowed me this peek behind the scenes: La Famiglia Dimitri (Clown Dimitri, Masha, Nina Dimitri and David Dimitri, Kai Leclerc) – this project started with you; Circus Knie (the whole Knie family, Herbert Scheller, Nik Leuenberger), Circus Salto Natale (Rolf Knie, Gregory Knie, Liza Stark, Anja Walder, Marco Baumgartner), Circus Nock (Verena, Alexandra, Franziska and Franz Nock), Circus Conelli (Robi, Cindy and Jeremy Gasser), Circus Gasser Olympia (Dominik Gasser), Circus Harlekin (Pedro Pichler, Monika Aegerter), Young Stage and Das Zelt – Classic Circus (Nadja Hauser), Cirque Helvetia (Julien Maillard and his family), Circus Monti (Johannes Muntwyler), Zirkus Stey (Rolf, Irene, Martin Stey), Roikkuva’s Kulturpalast (Andreas Muntwyler, Mike Durrer) and all those not mentioned by name here. Special thanks to Gaston and Roli for your unique hospitality in the caravan in all those years and to Bello Nock for the unforgettable week in Boston.

A special thank you to Ernesto Bazan, you have been such an inspiring teacher on my photographic journey. I would like to thank Wolfgang Zurborn, Michael Ackerman, Giorgio Negro and Romain Fournier for your invaluable support in selecting the photos and designing the book and for continuously giving constructive feedback on the project. A big thank you to Markus Schaden for the ingenious book title and to Thomas Schmutz for the contacts and the support in the cultural sector.

I would like to thank Thomas Wiegand for the lively exchange on our shared passion for photo books in all those years, the great inspiration I got from so many books and the accomplished essay. David Dimitri – thank you so much for writing such a beautiful preface. A very big THANK YOU goes to my friend Thomas Amiet. You gave me access to this world, which was new to me at the time, and put your passion for the circus into such wonderful words.

I would like to sincerely thank Matthias Koddenberg from Verlag Kettler and Thomas Groß from Druckerei Kettler for their support in realising this book project.

I would like to thank my mother for always believing in me. To my dearest Claudia, Mira and Shana: thank you very much for your patient understanding when I was away photographing or lost in thoughts from time to time.

Finally, a special thank you to all the acrobats for allowing me to photograph them. This book is a tribute to the world of circuses and its artists.

In Erinnerung an | *In memory of*

meinen Vater | *my father*

Dieter Stegmann

Du hast mein anfängliches Interesse an der Fotografie geweckt. |
You sparked my initial interest in photography.

und | *and*

Clown Dimitri

Mit dir und deiner Familie hat diese spezielle Reise begonnen. |
This special journey started with you and your family.

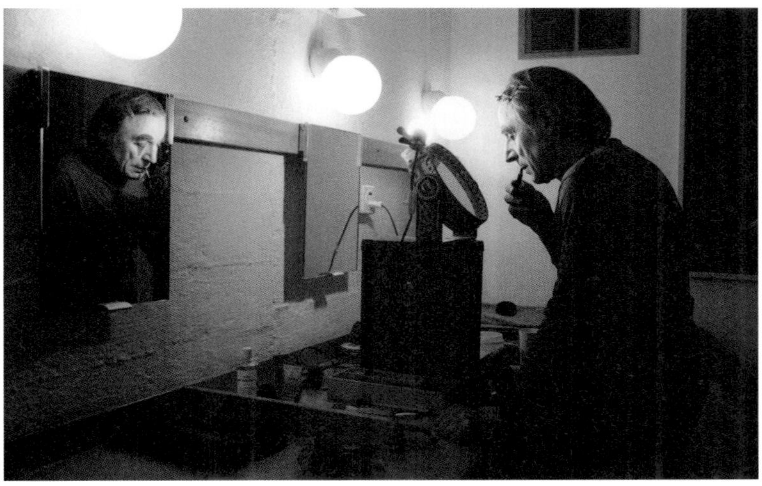

Circus Noir

Erstausgabe | *First edition*

Fotografien | *Photographs:* © Oliver Stegmann
Vorwort | *Foreword:* © David Dimitri
Essays: © Thomas Amiet | Thomas Wiegand
Liedtext S. 6 | *Lyrics p. 6:* © Stephan Eicher
Lektorat | *Proofreading:* Aymone Rassaerts, Stefan Hollstein

Finale Bildauswahl, Bildsequenz, Layout und Buchdesign |
Final edit, sequence, layout and book design: Oliver Stegmann

www.oliverstegmann.com

Herstellung | *Production:* Druckerei Kettler, Bönen

Erschienen im | *Published by:* Verlag Kettler, Dortmund
www.verlag-kettler.de

ISBN: 978-3-86206-905-7